Être le patron

Le pouvoir de la subsidiarité
pour faire avancer les choses

Ian Wilders et Joan Kingsland

En Route Books and Media, LLC
Saint Louis, MO

En Route Books and Media, LLC
5705 Rhodes Avenue
St. Louis, MO 63109

Contactez-nous à l'adresse suivante:
contact@enroutebooksandmedia.com

Crédit de couverture: L'entrée des bureaux en Espagne représente un pion d'échecs dont l'ombre est un roi. Il a été conçu par Amandine Wilders pour véhiculer l'idée de subsidiarité. Il suggère que chaque personne qui agit comme un pion dans la mission de l'entreprise est quelqu'un qui possède le pouvoir et la responsabilité d'un roi dans sa propre mission individuelle.

Copyright 2023 ExNarrative Ltd.

ISBN-13: 979-8-88870-102-7
Numéro de contrôle de la Bibliothèque du Congrès: 2023944825

Tous droits réservés. Aucune partie de ce livre ne peut être reproduite, stockée dans un système de récupération ou transmise sous quelque forme ou par quelque moyen que ce soit, électronique, mécanique, photocopie ou autre, sans l'autorisation écrite préalable de l'auteur.

Table des matières

Avant-propos v
Introduction 1
    Comment tout a commencé 3
    Découvrir le monde 4
        Être entrepreneur 4
        Voyager autour du monde 5
        Revenir à la vie réelle 10
        Le groupe connaît des temps difficiles 10
        Conseil 11
        Devenir PDG 12
        Commencer par la clarté 13
        Mise en œuvre de la subsidiarité 17
Chapitre 1 19
Outils de gestion de la Subsidiarité 19
et le Bien Commun 19
    Subsidiarité 19
    Aligner la prise de décision sur l'autorité 20
    Comment nous introduisons la subsidiarité à nos nouveaux employés 21
    Mission et autorité 25
    Préciser les missions personnelles 27
    Aligner le pouvoir sur la mission 34
    Respecter les bons canaux dans la subsidiarité 36

Le rôle de la gestion dans la subsidiarité.. 38

Réunions mensuelles individuelles.. 41

La subsidiarité s'épanouit dans un environnement de valeurs communes partagées.. 43

    La valeur de la confiance.. 44

    La valeur de l'autonomie.. 45

    La valeur de la transparence.. 48

Valeurs pour les chefs d'équipe.. 50

Le bien commun, corollaire de la subsidiarité.. 52

    Une fois la valeur du bien commun apparue.. 55

    Les défis de la défense du bien commun.. 56

Résilience.. 59

    Se demander "qui vous remplacera?".. 60

Conclusion.. 62

Chapitre 2.. 63

Systèmes financiers défaillants et subsidiarité.. 63

    Première pratique défectueuse: les cadres s'appuient sur des données douteuses pour prendre des décisions importantes 66

    Deuxième pratique défectueuse: Budgétiser pour rester pertinent et Dépenser parce que c'est dans le budget.. 68

    Troisième pratique défaillante: instaurer des politiques d'entreprise pour contrôler les employés.. 71

    Un système de gestion financière conforme à la subsi-diarité... 72

    Se débarrasser des bons de commande signés.. 73

    Feuilles de calcul simples.. 75

    Passer à autre chose que les feuilles de calcul.. 80

L'établissement des budgets dans un cadre de subsidiarité 84
Conclusion 88

Chapitre 3 89
Le PDG dans la subsidiarité 89

Ce qui m'incombe en tant que directeur général 92
Faire en sorte que les choses se passent bien 97
Réaménagement de l'espace de travail 100
Consacrer du temps aux réunions avec les membres de l'équipe
.... 104
    Quelques exemples de rencontres individuelles 105
Comprendre le monde et être vigilant 110
    Garder une vue d'ensemble 112
    Le jeu de Go 117
    Conduite de la stratégie de diversification (un aspect
    important de la résilience) 119
Aider à recruter les bonnes personnes 123
Le capitaine du navire 133
Conclusion 135

Chapitre 4 137
Boucler la boucle de la subsidiarité 137

L'épreuve décisive de la subsidiarité 137
Planification d'un cours de recyclage sur la subsidiarité pour
l'ensemble de l'entreprise 138
Session 1: Qu'est-ce que la subsidiarité? 140
    Partie I: Explication des concepts clés 140
    Partie II: L'importance de la mission 143

Session 2: A quoi s'attendre lorsque l'on travaille dans un groupe utilisant la subsidiarité? 144
Concepts clés à expliciter 144
Session 3 - Le gestionnaire 148
Partie I: Un exercice de Post-its virtuels 148
Partie II: Ce que le gestionnaire devrait faire et devrait être. 149
Session 4 - La culture d'entreprise au service de la subsidiarité 151
Partie I: Le bien commun pour tout assembler 151
Partie II: Travail de groupe? 151
Le résultat, l'ajustement et les fruits 153
Conclusion 156
Conclusion finale 159
Conclusion de Joan: éduquer dans la subsidiarité 159
Conclusion de Ian: le jeu en vaut la chandelle 163

Avant-propos

IAN

Lors de mon premier stage, mon patron avait régulièrement l'air fatigué et malheureux. Cela était dû en partie au fait qu'il travaillait tard tous les soirs. Lors d'une de ces soirées tardives, il a posé une question qui m'est restée à l'esprit tout au long des années. Il m'a dit que lorsque l'on débute dans le monde du travail, il faut travailler de longues heures et faire preuve de dévouement. Votre travail est censé occuper la première place. Mais une fois que vous êtes PDG, vous êtes soudain censé avoir une vie équilibrée, une famille stable et faire preuve de discernement. Il se demandait si c'est possible.

Aujourd'hui, près de 30 ans plus tard, alors que je suis devenu PDG, je pense avoir trouvé une réponse satisfaisante à cette question. J'ai du temps pour ma famille, que je fais passer en priorité. Je fais une bonne journée de travail sans en faire trop. Entre-temps, l'entreprise est florissante et, en général, nos employés sont heureux. J'ai écrit ce livre en particulier pour les dirigeants, afin qu'ils puissent bénéficier de cette expérience. Il s'adresse à tous ceux qui ont la responsabilité d'équipes de personnes, qu'il s'agisse d'une petite association à but non lucratif ou d'une multinationale florissante.

JOAN

C'est sa sœur qui m'a parlé pour la première fois du style managérial innovant de Ian. Fascinée par sa description, je l'ai invité à expliquer son approche à mes étudiants. Peu après, il m'a contactée pour me demander des conseils sur un livre qu'il avait commencé à écrire sur le même thème. Au départ, je ne devais donner que quelques commentaires, mais le livre est rapidement devenu un projet commun entre nous.

Tout au long du livre, j'interviens régulièrement pour proposer de "meilleures pratiques".

En tant qu'enseignante/professeure depuis 30 ans, j'ai pu apporter à ce livre mes connaissances pédagogiques et mes compé-tences en matière d'écriture. J'essaie constamment de tirer de Ian des détails qui pourraient éclairer nos lecteurs. Il aime être mis au défi, et s'il n'a pas de réponse immédiate à une question, il en aura une toute prête la prochaine fois que nous nous rencontrerons. Mon seul reproche est qu'il a tendance à minimiser ses réalisations ou à ne pas les mentionner du tout. Il n'a pas pensé à me dire que son entreprise avait reçu le prix "Pratiques exemplaires en matière de responsabilité sociale" en décembre 2018, ce qui prouve qu'il fait quelque chose de bien !

Un autre signe qu'il est sur la bonne voie est fourni par une lettre adressée à Ian par une société de conseil, dans laquelle celle-ci évalue l'opinion de ses employés sur l'entreprise. Cette lettre montre à quel point ils adhèrent à la mission et aux valeurs de l'organisation.

Introduction

Quel type d'expertise et de connaissances faut-il pour devenir chef d'entreprise et s'épanouir dans sa mission? J'ai une formation commerciale, avec une spécialisation en finance, ce qui me permet d'avoir une idée de la manière dont les entreprises sont gérées, mais je ne suis pas un universitaire, je m'appuie principalement sur mon expérience. Certains PDG sont d'excellents vendeurs, d'autres des as de la finance, d'autres encore des experts dans leur secteur d'activité. Mais combien sont experts dans chacun des domaines qu'ils doivent influencer? Il me semble évident que les PDG n'ont pas besoin d'être des experts en tout, mais ils doivent s'assurer que les personnes expertes dans leur domaine sont celles qui prennent les décisions appropriées à leur mission.

Être chef d'entreprise, c'est avant tout gérer des personnes. Et les personnes sont exceptionnelles. Chacun d'entre nous possède un profil unique d'expérience, d'éducation et de talents. Nous avons tous été confrontés à des défis dans notre vie personnelle, en prenant des décisions et en en assumant les conséquences, ce qui donne à chacun d'entre nous une perspective unique sur la vie.

Le rôle d'un chef d'équipe est de découvrir ce potentiel et de savoir l'adapter à l'entreprise. L'entreprise est là pour créer de la valeur pour ses clients, ses actionnaires et la société. Les employés pourraient participer en tant que rouages de la machine, mais ne serions-nous pas en train de passer à côté de leur plein potentiel? Je pense que la découverte de ce potentiel et son adaptation aux nécessités est le rôle principal d'un PDG et la meilleure façon de créer de la valeur.

Au fil des ans, j'ai partagé mon expérience avec d'autres chefs d'entreprise qui se noient avec leur charge de travail et qui se demandaient comment je faisais pour être aussi disponible. J'ai également discuté avec des dirigeants d'organisations à but non lucratif et des animateurs de jeunesse. J'ai été invité à partager mon expérience dans le cadre de séminaires destinés à de jeunes leaders prometteurs et on m'a souvent demandé de rédiger un livre sur mon expérience et mes idées. C'est ce qui m'a amenée à mettre les choses par écrit.

Dans ce livre, je partagerai avec vous mon expérience de la manière dont j'ai utilisé deux outils de gestion tout à fait uniques pour développer l'entreprise dont je suis le PDG. Il s'agit tout d'abord de la Subsidiarité et ensuite du Bien Commun. Vous découvrirez pourquoi j'ai souhaité les utiliser en premier lieu, les défis que nous avons dû relever en cours de route et les avantages que procure l'utilisation d'outils aussi puissants.

Vous découvrirez également les avantages de ces outils. En ce qui me concerne, en tant que PDG, je suis disponible pour ceux qui ont besoin de moi et j'ai la liberté de garder un esprit stratégique dans un monde en mutation, tout en étant sûr que l'entreprise réalise son plein potentiel. Je peux être certain que les employés s'efforcent de créer de la valeur pour l'entreprise, avec des frais généraux de contrôle négligeables. Mes collaborateurs ont la satisfaction de pouvoir exprimer tout leur potentiel et de s'approprier leurs victoires. Ils sont également conscients de l'impact qu'ils ont sur notre entreprise. Notre culture est celle du dévouement et de l'appropriation d'une mission commune qui donne des résultats.

Comment tout a commencé

Je suis directeur général de ce groupe depuis six ans. Auparavant, j'avais travaillé ici pendant onze ans, puis j'étais parti sans intention de revenir. J'ai fait beaucoup de choses dans l'entreprise, des finances et de l'administration au développement commercial international. Pendant cette période, j'ai vécu dans trois pays différents, j'ai vu la plupart des opérations, je connaissais tout le monde et j'avais envie d'en faire plus. Notre groupe avait son propre style de gestion et était prudent dans son développement. Je pensais qu'il avait besoin de plus d'ambition. J'ai essayé d'influencer le directeur général pour qu'il adopte un autre style et qu'il soit plus audacieux. C'était une période difficile, car je voyais beaucoup de choses à faire. Les dirigeants avaient créé une véritable loyauté envers le groupe, mais de nombreux talents restaient inexprimés, faute d'un canal approprié. J'ai parlé au directeur général, puis au conseil d'administration, et j'ai essayé d'amener d'autres directeurs à exprimer leur frustration. En vain. Finalement, j'ai écrit au PDG pour lui expliquer en détail les lacunes et le potentiel qui pouvait être développé. Il m'a répondu que tout ce que je voulais, c'était prendre sa place. C'est à ce moment-là que j'ai compris que l'on ne peut aider un PDG que si l'on est en phase avec son style de gestion et sa vision. Plutôt que de créer des tensions dans une entreprise que je respectais beaucoup, avec des gens que j'appréciais et d'excellents produits, j'ai préféré partir pour de bon. De toute façon, j'avais envie de lancer de nouveaux projets et de découvrir le monde. Entre-temps, j'ai conservé mon poste de conseiller au conseil d'administration composé de quatre partenaires fondateurs.

Découvrir le monde

Être entrepreneur

Lorsque j'ai quitté l'entreprise, j'ai commencé par évaluer mes économies pour voir ce qu'il était possible de faire. Pendant la majeure partie de ma vie, j'ai voulu être entrepreneur, créer une entreprise et profiter de la liberté d'une croissance illimitée. Ma femme, Anne, et moi avons économisé en vue d'acheter un jour une maison. Nous avons décidé d'investir cet argent dans le lancement d'une entreprise.

À l'époque, les scooters électriques à quatre roues pour personnes âgées faisaient fureur au Royaume-Uni et aux États-Unis. Je me suis fixé un délai de 18 mois pour déterminer s'il serait viable pour moi de les proposer sur le marché français.

En tant qu'entrepreneur, j'ai découvert que je devais tout faire, des achats aux ventes, en passant par le marketing, la comptabilité, la mécanique et bien d'autres choses encore, y compris transporter d'énormes cartons dans et hors de ma voiture. Lorsque j'ai engagé une jeune femme pour m'aider dans les ventes, cela signifiait que je devais également m'occuper des ressources humaines.

Nous avons connu quelques beaux succès, comme celui d'être le sponsor officiel de l'une des plus grandes foires de Paris, où nous avons vendu un certain nombre d'unités. Cependant, à l'approche

Introduction

de la date limite de 16 mois que je m'étais imposée, il est devenu évident que je n'avais pas une entreprise capable de subvenir aux besoins de ma famille. Jusqu'alors, je n'avais pratiquement pas atteint le seuil de rentabilité. Je devais donc cesser mon activité et chercher d'autres opportunités.

Dans l'ensemble, ce fut un excellent terrain d'entraînement pour mon sens des affaires. Je suis reparti avec des exemples très pratiques et vivants de toute l'expertise et de tous les efforts nécessaires pour se lancer dans une entreprise commerciale.

À ce stade, nos économies nous permettraient de survivre encore 15 mois, ce qui me laissait le temps de trouver un emploi. C'est alors que j'ai pensé à un livre qu'Anne avait souvent lu sur un couple qui avait fait le tour du monde avec ses quatre enfants. Après avoir calculé que vivre à Paris, où nos enfants sont scolarisés dans une école privée bilingue, ne coûterait pas plus cher que de faire le tour du monde, j'ai fait part de cette réflexion à ma femme. Elle a sauté sur l'occasion. Voyager autour du monde avec toute sa famille était un rêve qu'elle n'aurait jamais cru possible. Nous avions un nouveau projet qui allait aussi profondément influencer notre vision du monde.

Voyager autour du monde

Nous avons d'abord demandé à nos enfants de 14, 12, 10 et 7 ans s'ils étaient prêts à partir. Si l'un des trois aînés avait été contre, nous ne serions pas partis. Ils ont réfléchi et ont accepté à condition de ne pas perdre leur année scolaire afin de pouvoir suivre leurs amis à leur retour. Cela nous convenait parfaitement.

Comme nous n'aurions plus d'appartement pendant notre absence, nous avons commencé à donner ce dont nous n'avions pas besoin et nous avons trouvé une solution de stockage pour ce que nous voulions garder.

Anne a passé en revue les programmes scolaires de l'année à venir pour nos quatre enfants et a stocké tout le matériel dont nous aurions besoin pour chaque matière, des mathématiques à la physique, en passant par l'histoire, le français, l'espagnol, l'anglais et le latin. Elle a tout stocké sur une clé USB de confiance (en faisant une copie bien sûr).

Nous avions trois mois pour tout régler, rendre notre appartement, et nous sommes partis. Nous sommes partis le 15 juillet 2008 et sommes revenus le 14 juillet 2009. Les détails de ce merveilleux voyage nécessiteraient un autre livre, mais j'aimerais partager quelques idées sur l'organisation.

Gestion du budget

Une fois les billets d'avion achetés, nous disposions d'un budget de 130 euros en moyenne par jour. Nous allions voyager dans une dizaine de pays: pour chacun d'entre eux, j'ai procédé à un ajustement en fonction du niveau de vie et j'ai fixé le budget journalier pour ce pays.

Nous avions un petit carnet pour comptabiliser toutes nos dépenses et calculer l'excédent ou le dépassement de la journée. Cela nous permettait de savoir combien nous avions pour le lendemain et de pouvoir continuer notre voyage avec notre budget limité jusqu'à la fin de notre aventure.

Dès le départ, nous avons confié cette tâche à l'un des enfants qui s'est occupé de la comptabilité pendant toute la durée de notre séjour dans un pays. Ensuite, l'un des frères prenait le relais dans le pays suivant.

C'était merveilleux de voir à quel point ils prenaient leurs responsabilités au sérieux. Chaque fois que nous devions payer quelque chose, ils s'assuraient de le noter, qu'il s'agisse de louer une chambre, d'acheter de la nourriture ou de payer un ticket de bus. Même lorsque je buvais une bière, ils s'informaient du prix et le notaient dûment.

Ils ont également pris l'initiative de nous proposer des économies afin que nous puissions dépenser davantage ailleurs. Par exemple, lorsque nous étions en Australie, nous voulions visiter la Grande Barrière de Corail. Cela aurait grevé notre budget, mais si nous pouvions dormir dans notre voiture de location, ce serait possible.

Le fait de voir comment les enfants ont bénéficié de cet exercice m'a permis de mieux comprendre ma vie professionnelle.

Notre maison dans nos sacs

Nous avions décidé dès le départ que nous voyagerions en avion, en bus, en voiture ou par tout autre moyen. Cela signifiait que chacun d'entre nous devait pouvoir transporter tout ce dont il avait besoin dans deux sacs. Anne, qui a un grand sens de l'organisation, nous a suggéré les articles dont nous aurions besoin, comme des chaussures, des sacs de couchage, des pantalons et les quelques objets pratiques que nous utiliserions pour survivre. Chacun d'entre nous était responsable de son propre sac. Nous devions nous organiser comme nous l'entendions, y compris déballer nos affaires lorsque nous étions hébergés quelque part, et nous assurer que nous avions tout ce qu'il nous fallait lorsque nous partions.

Bientôt, nous sommes tous devenus des experts à notre manière. Notre fille cadette avait une responsabilité très particulière. Chaque fois que nous quittions un endroit, qu'il s'agisse d'une auberge de jeunesse, d'un appartement loué ou d'une chambre d'amis, elle faisait le tour, se glissait sous les lits, ouvrait les placards, explorait la salle de bains et vérifiait que personne n'avait rien laissé derrière soi. Elle revenait parfois avec une brosse à dents ou un sous-vêtement qui s'était glissé dans les interstices. Nous avions donc une responsabilité et un contrôle de qualité. Pour moi, c'était une autre bonne occasion de me familiariser avec le milieu professionnel.

Étudier sur la route

Comme notre voyage a commencé en Afrique du Sud pendant nos vacances d'été, nous avons attendu septembre pour commencer à faire l'école à la maison. Nous étions alors à Hong-Kong et j'avais repéré les ordinateurs portables dont nous avions besoin. Ils étaient très légers et bon marché, ce qui signifie qu'un ordinateur par enfant rentrait dans notre budget. Nos enfants avaient désormais la responsabilité de s'occuper de leur ordinateur.

Nous avions décidé que les plus jeunes étudieraient deux heures par jour et que l'aîné en consacrerait trois. Ils étudieraient dans des motels, dans des bus ou partout où cela serait possible. Le dimanche serait toujours libre. Anne et moi nous répartissions les matières. Je prenais les sciences et Anne s'occupait de toutes les autres, c'est-à-dire les trois langues vivantes plus le latin. Il s'est avéré qu'il nous suffisait d'indiquer la marche à suivre pour que nos enfants fassent leur travail à toute vitesse, en s'arrêtant sur les points les plus difficiles. Lorsque nous avions Internet, ils trouvaient les solutions en ligne et continuaient. C'était fascinant de voir chacun avancer à son rythme. La plus jeune avait besoin de plus d'attention, car elle n'était pas aussi à l'aise en lecture. Ma femme et moi avions également notre propre style pour aider les enfants. Toute cette flexibilité et cette créativité continueront à m'inspirer bien des années plus tard.

Une source d'inspiration pour le management

Au fil du temps, nous avons tous considéré cette aventure familiale comme un moment privilégié où nous avons appris à mieux nous connaître, à nous faire confiance et à construire une histoire familiale. Les enfants d'aujourd'hui ont tous poursuivi des études supérieures et sont allés dans des universités au Royaume-Uni, en Suisse et aux Pays-Bas. En tant qu'étudiants, ils ont tous géré leur budget grâce aux compétences qu'ils ont acquises en voyageant et continuent à le faire dans leur vie professionnelle. Ils ont grandement bénéficié de l'expertise qu'ils ont développée dans la recherche des informations dont ils avaient besoin pour compléter leur apprentissage. J'ai pu constater de mes propres yeux que les responsabilités données dans un cadre solide avaient des effets durables dans de nombreux domaines. Cela a fortement influencé mon futur style de management, que nous explorerons dans ce livre.

Revenir à la vie réelle

Lorsque nous avons terminé notre tour du monde, j'ai vraiment eu besoin de trouver un emploi, car nos économies s'épuisaient.

Quelques années plus tard, en 2012, j'avais une société de conseil qui travaillait avec des start-ups ayant des difficultés financières. C'est à ce moment-là que je suis revenu consulter l'entreprise que j'avais quittée il y a tant d'années.

Le groupe connaît des temps difficiles

En 2012, le groupe a connu d'importantes difficultés en raison de la crise financière de 2008 et 2009. Les ventes en Espagne, qui représentaient 15 % de notre chiffre d'affaires, étaient réalisées uniquement par l'intermédiaire d'un distributeur. Ce distributeur a non seulement fait faillite mais, dans une tentative désespérée de sauver son entreprise, il a trouvé le moyen de récupérer les six derniers mois de ventes que nous avions déjà reçus. En fait, il a vidé notre compte en banque.

Notre entreprise est tombée dans une crise profonde: elle était criblée de dettes et ne pouvait plus payer ses employés.

Le directeur financier, en collaboration avec le directeur général, a accompli un travail extraordinaire en négociant de nouvelles lignes de crédit avec nos banques. Dans le même temps, le PDG a demandé aux employés, sur une base volontaire, s'ils étaient prêts à accepter des réductions de salaire pour sauver des emplois. La grande majorité d'entre eux a accepté. Cela montrait non seulement leur solidarité avec leurs collègues, mais aussi le respect croissant qu'ils avaient pour la direction au fil des ans.

Conseil

J'avais été consulté au sujet de la crise en raison de ma position au sein du conseil d'administration. Il s'est avéré que l'un des actionnaires initiaux était prêt à accorder un prêt à court terme, mais, très sagement et de manière tout à fait compréhensible, il avait posé certaines conditions. Il ne prêterait de l'argent que si nous pensions avoir de bonnes chances de réussir. Il a dit que si nous étions arrivés au bout de l'aventure, il valait mieux ne pas jeter de l'argent par les fenêtres. Il n'était prêt à apporter son aide que si les chances de réussite étaient réelles, sinon il préférait perdre sa mise de départ.

J'ai proposé de faire un audit de la situation. Cela m'a donné l'occasion de revoir mes anciens collègues et de redécouvrir le travail quotidien de l'entreprise. J'ai interrogé des médecins, des chercheurs, des spécialistes de la communication, des pharmaciens et tous les experts qui font partie de notre entreprise.

Il m'est rapidement apparu qu'il existait un énorme potentiel qui ne demandait qu'à s'exprimer. J'ai constaté que mes anciens collègues étaient fiers de l'entreprise dans laquelle ils travaillaient, mais qu'ils étaient parfois frustrés de ne pas avoir la possibilité de canaliser des initiatives personnelles qui pourraient contribuer à sauver l'entreprise. Au cours des deux mois suivants, dans cette situation financière désespérée, nous avons exploré ce qui pouvait être fait avec l'équipe de direction.

Devenir PDG

J'ai présenté les conclusions et les recommandations lors de la réunion suivante du conseil d'administration. Ils ont été intrigués par l'analyse. Comme l'actuel PDG venait d'atteindre l'âge légal de la retraite, le conseil d'administration m'a demandé si j'accepterais de prendre la direction générale du groupe et de mettre en œuvre la solution que j'avais recommandée. Ils ont fait valoir que je connaissais bien l'entreprise, que je connaissais la philosophie fondamentale des fondateurs et que je serais leur meilleur choix pour mettre en œuvre le plan proposé. J'ai accepté et, sur la base de ce plan, nous avons obtenu le prêt.

C'est ainsi que j'ai fini par revenir dans l'entreprise que je pensais avoir quittée définitivement. En juillet 2013, l'entreprise comptait 80 employés en Espagne, en Belgique, en France et en Italie. L'actuel PDG devait quitter ses fonctions à la fin du mois de décembre. J'ai donc eu six mois pour me familiariser à nouveau avec l'entreprise, transférer l'autorité et commencer à mettre en œuvre notre restructuration, avant de prendre la direction du groupe le 1er janvier 2014.

Commencer par la clarté

Ma première démarche a été de définir un organigramme clair. Jusque-là, on ne savait pas très bien qui faisait quoi.

Lorsqu'ils ont vu les changements qui s'annonçaient et la façon dont ils remettaient en cause leur façon de travailler et leurs zones d'influence officieuses, certains ont préféré démissionner et partir à la recherche d'une nouvelle aventure. Malheureusement, j'ai également dû mettre fin à certains postes qui n'étaient pas pertinents dans une entreprise en difficulté. C'était difficile de voir les gens partir. Au total, sept personnes sont parties, soit près de 10 % de notre effectif. Les salaires réduits que les employés avaient acceptés l'année précédente ont été maintenus.

Grâce à ce prêt, nous avons pu respecter nos engagements financiers et nous concentrer sur notre activité.

Mise en pratique: Clarté

Dès le départ, Ian s'est efforcé de préciser les positions d'autorité ainsi que le rôle spécifique de chaque personne dans l'entreprise. Son organigramme inclut chaque personne. Il s'agit d'un format concis et objectif qui permet une compréhension claire et commune au sein de l'entreprise.

Ainsi, pour faire avancer les choses au sein de votre organisation, établissez:

- *Qui a l'autorité.*
- *Le rôle spécifique de chaque personne dans votre organisation*
- *Un organigramme clair.*

Trouver mon style de management

Le PDG actuel et moi-même avions des styles différents. Il considérait que sa responsabilité était d'être là pour aider, guider et prendre des décisions. En conséquence, il était présent dans la plupart des réunions, qu'il s'agisse de la production, de la recherche, du développement commercial ou d'autres. En revanche, je ne me sentais pas à l'aise dans toutes les réunions, car je n'étais pas un expert des sujets abordés. À la suggestion du PDG, j'ai fini par assister à certaines réunions, mais je n'étais là que pour écouter et comprendre. Je ne considérais pas qu'il était de ma responsabilité de prendre des décisions.

Au mois de novembre 2013, dans le cadre de mes préparatifs pour assumer ma nouvelle fonction dans l'entreprise, j'ai organisé une réunion hors site avec mon équipe de gestion directe.

Nous sommes allés tous les six à Paris, avec un consultant que je connaissais, pour explorer la subsidiarité, une technique de gestion que j'avais découverte au fil des ans. J'avais l'intuition que cet outil, s'il était correctement appliqué à une entreprise, pouvait donner des résultats. J'étais convaincu qu'un principe d'organisation qui avait résisté à l'épreuve du temps pouvait être résistant, efficace et plus fiable que les nouvelles modes de gestion qui vont et viennent.

Je leur ai demandé: "En tant que PDG, que voulez-vous que je fasse dans l'entreprise?" Le précédent PDG, qui avait beaucoup d'expérience, était proche de l'action, était là pour tout le monde, savait ce que faisait chaque membre de son équipe, l'encourageait et lui parlait de ses défis et de ses réussites. J'ai demandé si c'était ce qu'ils attendaient de moi. Au lieu de cela, ils m'ont poliment mais fermement suggéré de les laisser faire leur travail et de ne pas m'immiscer dans leurs équipes. J'ai compris qu'ils voulaient que je ne me mêle pas de leur travail quotidien. Ils étaient heureux que je sois présent pour eux, mais pas pour leurs équipes.

Le consultant a expliqué ce que cette demande signifiait pour moi: le fait d'interroger les employés sur leur travail transmet implicitement un message contradictoire sur qui est responsable. Il véhicule l'idée que le PDG peut prendre n'importe quelle décision et que le manager n'est pas vraiment nécessaire. J'ai apprécié la sagesse de la demande et j'ai été soulagé. Ce n'était pas mon style de toute façon et cela aurait pris beaucoup de temps et d'énergie d'être toujours présent pour tout le monde. Plus important encore, cela montrait que mon équipe de direction était prête à explorer et à adopter la subsidiarité !

Mise en pratique: écouter d'abord

Notez que, très tôt, Ian a organisé une séance d'information avec son équipe de direction, au cours de laquelle il était là pour écouter. Il a consacré du temps et de l'argent à cette occasion. Le choix d'une réunion hors site a permis de donner de l'importance à la réunion et de la cibler. Il ne fait aucun doute que la présence d'un consultant externe a joué un rôle important dans l'instauration d'une atmosphère où les membres de l'équipe se sentaient encouragés à faire preuve de franchise. Le fait qu'Ian ait ensuite respecté les demandes de son équipe de ne pas intervenir a envoyé le message que leur contribution était précieuse. Il ne fait aucun doute que cette rencontre a contribué à l'établissement d'une relation de confiance et de respect entre lui et les membres de son équipe principale.

Il s'agit donc de faire avancer les choses dans votre organisation:

- *Trouver vos alliés au sein de votre organisation*
- *Consacrer du temps à l'organisation.*
- *Organiser un environnement adéquat dans lequel les gens sentent que leurs points de vue sont les bienvenus.*
- *Encourager l'adhésion et le retour d'information de votre équipe rapprochée.*

Introduction

Mise en œuvre de la subsidiarité

Nous avons mis en œuvre la subsidiarité à la fin de l'année 2013. Si vous lisez ce livre, c'est que vous et moi avons quelque chose en commun. Nous avons tous deux des projets que nous voulons développer. Et pour ce faire, nous avons des équipes de personnes à organiser. La question est de savoir quelle est la meilleure organisation pour vous. Je suis d'avis que l'on obtient plus de résultats en étant nombreux qu'en étant seul. C'est ainsi que l'on peut faire avancer les choses à plus grande échelle.

J'avais une équipe de 73 personnes, chacune avec des talents et une expérience spécifiques. Elles étaient réparties dans quatre pays différents et connaissaient mieux l'entreprise que moi. Mon ambition était d'exploiter tout leur potentiel.

Si vous avez étudié les styles de management, ou si vous faites des recherches sur Internet, vous savez qu'il existe de nombreuses façons d'organiser un groupe de personnes. De l'autocratie à la démocratie, en passant par toutes les nuances d'implication. De nos jours, les nouvelles tendances en matière de gestion abondent. Au fil des ans, nous avons entendu parler d'empowerment (responsabilisation) et d'autres idées qui semblent très prometteuses. Mais lorsqu'elles sont mises en œuvre, les meilleures idées ont leurs défauts et certaines peuvent être fatales. Nous nous retrouvons dans des situations absurdes lorsque le vocabulaire de ce que nous faisons change tous les deux ans, juste pour se conformer à ce qui est à la mode.

Je m'intéressais à un style de gestion qui avait fait ses preuves. La subsidiarité répondait à cette exigence puisqu'elle existe depuis près de 2400 ans. Il s'agit d'une approche plus politique, mais qui peut s'adapter à toute organisation humaine, et pas seulement à celle de la ville. C'est là qu'intervient ce livre. J'aimerais vous faire découvrir comment la subsidiarité peut faire des merveilles au sein d'une entreprise ou d'un groupe de personnes partageant un objectif commun.

Je vais d'abord expliquer ce qu'est la subsidiarité. Nous verrons ensuite comment elle se traduit dans la pratique. Ensuite, nous examinerons les implications spécifiques pour le rôle du PDG dans une entreprise utilisant l'outil de gestion qu'est la subsidiarité. Enfin, nous appliquerons le concept pédagogique de "boucler la boucle" pour compléter la mise en œuvre de la subsidiarité dans une entreprise. "Fermer la boucle" signifie revenir en arrière pour s'assurer que tous les employés travaillent à partir d'une compréhension et d'une acceptation communes d'une pratique donnée, en l'occurrence une pratique qui est devenue fondamentale.

Chapitre 1

Outils de gestion de la Subsidiarité et le Bien Commun

Subsidiarité

Même lorsque j'étais enfant, j'avais des idées sur la valeur de la subsidiarité, bien que je n'aie jamais entendu le mot. Chez le coiffeur, par exemple, la logique aurait voulu que je le laisse me couper les cheveux comme il l'entendait. Mais au lieu de cela, je devais dire ce que je voulais tandis que ma mère donnait son avis. Résultat: la même coupe de cheveux, année après année. J'avais l'impression que le coiffeur gaspillait son talent. Je me demandais toujours, s'il me connaissait vraiment, ce qu'il aurait pu faire si on lui avait laissé une certaine marge de manœuvre.

Ensuite, il y a eu ma réaction allergique interne à l'insistance de mon ami pour que je donne mon avis sur toutes sortes de sujets. Si je ne connaissais pas suffisamment le sujet, je ne voyais pas l'intérêt de donner mon avis.

Je n'aimais pas non plus qu'on me dise ce que je devais faire. Peu importe que je sois sur le point de faire une corvée: si ma mère me demandait de la faire, je sentais mes jambes se ramollir. Aujourd'hui encore, j'aime assumer mes décisions et mes initiatives. Voilà un aperçu de ce qui m'a amené à utiliser la subsidiarité comme outil de gestion.

Je ne me souviens pas du moment où le mot "subsidiarité" est apparu à mon horizon. Peut-être était-ce à l'occasion d'un article ou d'une conférence. Mais une fois que l'on y est sensibilisé, il semble revenir souvent.

Aligner la prise de décision sur l'autorité

Je suis frappé par deux aspects de la subsidiarité: le premier est que la subsidiarité place la prise de décision et l'autorité en première ligne. C'est là que les gens savent vraiment ce qui se passe et, en outre, ils ont leur mot à dire. Deuxièmement, la subsidiarité existe déjà depuis des centaines d'années dans les domaines politique et social, elle a donc quelque chose de bon à offrir. La subsidiarité a déjà été théorisée par le philosophe grec Aristote il y a près de 2400 ans et a été développée par le grand penseur du 13th siècle Thomas d'Aquin. Ses réflexions ont influencé l'une des plus anciennes organisations internationales au monde, l'Église catholique. La subsidiarité est devenue un élément central de la doctrine sociale de l'Église.

À un moment donné, j'ai compris que si, à travers les siècles, la subsidiarité était si cruciale pour l'organisation politique, elle pouvait très bien être un outil puissant dans le domaine de l'entreprise. Certes, pour une entreprise en difficulté et à court de liquidités, la subsidiarité était aussi une solution terre à terre et peu coûteuse.

En 2013, j'ai demandé à Jack, un consultant et conseiller de confiance de notre entreprise, s'il serait prêt à relever le défi de nous aider à explorer la possibilité de mettre en œuvre la subsidiarité dans notre organisation.

Il s'est avéré que Jack n'avait pas seulement une solide expérience des affaires et de la formation, mais qu'étant bien versé dans la pensée grecque et médiévale, il connaissait également le principe de subsidiarité. Il était donc en mesure de donner des conseils sur les implications de l'exercice de la subsidiarité au sein d'une entreprise, et il était ravi de rencontrer quelqu'un qui était prêt à explorer et à mettre en œuvre cette méthode au niveau de la direction. Jack nous a prévenus que cela redéfinirait le concept d'autorité et mon propre rôle en tant que PDG. Il ne s'agirait pas d'anarchie ou de démocratie, mais d'autre chose. Nous savions tous les deux que cette aventure aurait un impact profond sur l'entreprise.

Comment nous introduisons la subsidiarité à nos nouveaux employés

Présenter la subsidiarité aux nouveaux employés est un processus amusant, mais difficile. Nous essayons de les aider à voir la subsidiarité dans sa perspective historique et son application politique avant de leur présenter ce à quoi elle ressemble dans un cadre professionnel.

Mise en pratique: adopter une approche pédagogique

De manière très naturelle, Ian joue le rôle d'un enseignant. L'une de ses actions pédagogiques consiste à préparer le terrain pour que l'apprentissage ait lieu. Au lieu de passer directement à l'action qui sera nécessaire, il prend le temps d'introduire le concept. Ian part de ce que les participants savent déjà avant de passer à la subsidiarité sur le lieu de travail. Une autre démarche pédagogique consiste à suivre l'ordre naturel de l'apprentissage: vous devez comprendre quelque chose avant de pouvoir commencer à le relier à d'autres idées. La mise en pratique d'un concept vient encore plus tard. L'approche pédagogique est importante ici, car les employés doivent être convaincus dans leur esprit et dans leur cœur de la valeur de la subsidiarité s'ils veulent l'utiliser correctement.

Il en va de même dans votre organisation:

- *Veillez à enseigner l'approche à tous les membres de votre organisation.*
- *Assurez-vous qu'ils sont d'accord.*

Nous commençons par un "Il était une fois": les décisions et les responsabilités ultimes incombaient à la plus petite unité de la société, à savoir la famille pour les Grecs de l'Antiquité. Une fois mariés, un homme et une femme avaient le pouvoir sur leur propre destin et celui de leurs enfants. Les parents décidaient si leurs enfants allaient travailler ou recevoir une éducation. Aucune autorité ne pouvait imposer sa volonté de l'extérieur.

Cela ne signifie pas que les parents se suffisent à eux-mêmes. En fait, ils doivent compter sur d'autres personnes pour répondre à leurs besoins. Par exemple, ils sont libres de confier la responsabilité de l'éducation de leurs enfants à une personne ou à une école extérieure. Puisque les parents ont la responsabilité en premier lieu, ils peuvent donc confier leur pouvoir de l'exercer.

L'école, par la volonté des parents, serait dotée du pouvoir et de la responsabilité d'éduquer, ce qui signifie que l'école pourrait prendre les décisions nécessaires pour remplir son objectif d'éducation.

Pour sa part, l'école peut se sentir capable d'éduquer les enfants, sauf dans le domaine de l'élaboration d'un programme d'études. Par conséquent, tout en restant dans le cadre de sa mission d'éducation des enfants, elle pourrait confier une partie de ses responsabilités à un autre niveau qui élaborerait le programme d'études pour elle. Lorsque plusieurs écoles confient leur responsabilité au même groupe, elles créent une académie régionale. Nous voyons ici comment le mandat vient des parents et est confié tout au long de la société à ceux qui sont les plus compétents.

La sécurité est un autre exemple de subsidiarité dans la société. Une famille peut se sentir relativement en sécurité dans sa maison et son quartier. Elle peut fermer ses portes à clé et entretenir des relations pacifiques avec ses voisins. Néanmoins, un groupe de propriétaires peut se sentir insuffisamment préparé à faire face aux dangers provenant de l'extérieur du quartier. En s'unissant, ils peuvent confier leur responsabilité en matière de sécurité à une organisation spécifique qui veille à la sécurité du quartier. À son tour, la police locale peut se sentir confiante dans sa capacité à défendre la zone, mais si une menace plus importante devait venir d'une région voisine, elle sait qu'elle serait débordée. Elle peut donc déléguer une partie de ses responsabilités à une organisation régionale qui pourrait organiser une sorte d'armée.

Or, cette armée peut être bien entraînée, disposer des ressources et des compétences nécessaires pour mettre en place une bonne défense, mais être incapable de faire face à une menace trop importante de la part d'une nation voisine. Les armées régionales peuvent donc déléguer une partie de leurs responsabilités et de leurs pouvoirs au niveau national.

L'idée de subsidiarité est que le pouvoir et la décision commencent au niveau de base de la famille, mais peuvent s'étendre à l'ensemble de la société. Le pouvoir n'émane pas du chef de l'État et ne descend pas jusqu'aux membres individuels. Il part de la base, le pouvoir et la responsabilité étant confiés à d'autres niveaux de la société en fonction des besoins.

Après avoir parlé de la subsidiarité dans le cadre de la famille et de la société, où les plus petites unités ont le plein pouvoir et la pleine responsabilité, nous abordons le défi de l'adaptation de cette notion à l'organisation d'une entreprise.

Tout d'abord, nous faisons l'analogie avec la personne, chaque employé, qui est semblable à la famille dans le cadre de la société précédente et qui est donc au centre de l'organisation. Ceux qui comprennent le mieux les enjeux d'une situation donnée, ceux qui sont le plus impliqués dans le jeu, sont ceux qui devraient avoir le pouvoir et la responsabilité de faire bouger les choses.

Mission et autorité

Faisons une pause pour répondre à la question qui se pose immédiatement: "Le pouvoir et la responsabilité de faire bouger les choses? Dans le cas de la subsidiarité politique, une famille fait des choix en fonction de ses rêves et de ses aspirations ; mais dans le cas d'une entreprise, celle-ci a un objectif spécifique. Nous avons donc vu la nécessité d'un alignement, afin de s'assurer que les rêves et les aspirations de chacun contribuent à l'objectif de l'entreprise ou, comme nous le disons, à sa mission. Chaque personne au sein de l'entreprise a une mission. Avec les missions de chacun, elles contribuent à la réalisation de la mission globale de l'entreprise.

Pour l'entreprise dans son ensemble, chaque employé doit être en mesure de reconnaître sa raison d'être au moyen d'une déclaration de mission simple qu'il peut réciter de but en blanc. Nous avons de la cohésion lorsque nous sommes tous d'accord sur ce que nous faisons et pourquoi nous le faisons.

Dans le cas de mon entreprise, par exemple, notre mission est de mettre l'immunothérapie à la disposition de tous les professionnels de la santé pour le bien durable de leurs patients.

Le POURQUOI est le bien durable des patients. C'est ce qui nous motive.

Et que faisons-nous ? Nous mettons l'immunothérapie à la disposition de tous les professionnels de la santé.

Une bonne mission semble simple, presque trop évidente. La nôtre a mis du temps à être formulée de manière satisfaisante. Pendant longtemps, nous n'avons pas su si nous travaillions pour les patients ou pour les professionnels de la santé. Nous considérions les professionnels de la santé comme un moyen d'atteindre les patients, mais nous sentions que quelque chose n'allait pas.

Grâce à notre énoncé de mission actuel, nous avons obtenu satisfaction à l'idée que le bien durable des patients était l'objectif final, la raison de notre action, et que les professionnels de la santé étaient nos partenaires, en qui les patients pouvaient avoir confiance. Ce dont les patients ont vraiment besoin, c'est de grands professionnels qui les comprennent, les connaissent et élaborent les meilleures solutions pour chacun d'entre eux. En clarifiant simplement notre mission, nous avons constaté que tous les membres de l'entreprise pouvaient aligner leurs efforts.

En subsidiarité, la force d'une telle mission peut constituer la structure fondatrice de l'ensemble de l'organisation.

Préciser les missions personnelles

Une fois que la mission de l'entreprise est claire, il est possible pour les individus qui la composent de définir leur propre mission. La mission d'une personne lui permet de connaître son espace de liberté au sein de l'organisation et de savoir comment elle contribue à la réalisation de la mission de l'entreprise.

Une mission présente trois caractéristiques.

1. Elle est courte, afin d'être facilement mémorisée mot à mot.
2. Elle explique POURQUOI l'objectif est nécessaire et important.
3. Il s'agit d'un accord sur ce qui va être fait. ... et il n'y a pas de COMMENT

La mission personnelle est un accord entre la personne et l'entreprise qui précise la raison de la présence de la personne et l'importance de sa collaboration. Il s'agit d'un accord sur ce qui sera fait pour atteindre le POURQUOI.

Par exemple, la mission de Lucas (tous les noms sont fictifs pour protéger l'identité des employés), le responsable de la production, est de s'assurer que nous avons toujours les médicaments en quantité et en qualité pour répondre à la demande à tout moment.

> Le but est de répondre à la demande à tout moment.
> Il faut s'assurer que nous disposons de ce dont nous avons besoin pour nous conformer au POURQUOI.

Il s'agit d'une mission très large, adaptée à la personnalité du chef de production. Il est chargé d'estimer la demande et de fournir les moyens nécessaires pour s'assurer que des événements inattendus ne l'empêchent pas d'atteindre cette disponibilité constante.

Le libellé de sa mission n'implique pas d'objectifs de production mesurables puisqu'il n'y a pas de quantités prédéfinies à produire. Nous vivons une époque de changements. Prenons l'exemple de la crise du coronavirus. Dans un premier temps, la demande a explosé car les patients se préparaient à être enfermés, puis elle a diminué car les gens ont été encouragés à rester chez eux et à éviter tous les commerces, y compris les pharmacies. Lucas sait que sa mission lui donne les pleins pouvoirs et la responsabilité de prendre les mesures nécessaires, à condition de travailler dans les limites de ses ressources.

Mise en pratique: s'assurer que la mission personnelle de chacun soit claire

L'élément fondateur de la subsidiarité est la mission. Une mission simple et claire explique ce que l'on fait et pourquoi on le fait. La mission fait l'objet d'un accord entre la personne et son chef. Les deux parties s'engagent.

Il en va de même dans votre organisation:

- *Définissez une mission pour votre organisation en termes suffisamment simples pour que tout le monde la connaisse et la mémorise.*
- *Veillez à ce que chaque personne connaisse et s'approprie sa propre mission, qui doit être alignée sur celle de l'organisation. Chaque personne, avec son responsable direct, doit être impliquée dans la définition de cette mission.*

Une fois la mission convenue, la personne a l'entière responsabilité et le pouvoir de la réaliser. Son supérieur hiérarchique n'aura plus la responsabilité de cette mission.

La responsabilité est un mot fort. Quand quelque chose va bien, c'est grâce à une personne en particulier, et quand quelque chose va mal, nous savons qui peut en tirer des leçons. Avant tout, la responsabilité signifie que toute stratégie, tout moyen utilisé, doit être décidé et adapté à la réalité par la personne en charge de la mission.

Il est évident que personne d'autre ne peut avoir exactement la même responsabilité. Il existe un espace de liberté, d'autonomie, où chacun sait qu'il est libre de faire ce qu'il faut pour que les choses se passent.

Une valeur importante est créée au sein d'une entreprise précisément lorsque les personnes prennent les bonnes initiatives au bon moment. En étant proches de la situation, ils peuvent analyser les circonstances à tout moment, savoir ce qu'il faut faire, avoir le pouvoir de prendre les mesures nécessaires et le faire.

Par exemple, la mission de Matthew, notre responsable de la maintenance, comprend la responsabilité d'assurer la sécurité des espaces de production et des bureaux. Il est conscient des allées et venues habituelles des personnes dans nos installations, ainsi que du risque relatif de notre quartier. Si Matthew a l'ambition d'aller le plus loin possible, il est également conscient des ressources limitées dont il dispose pour remplir sa mission. Il était à la recherche d'options de sécurité et a trouvé la solution parfaite à un prix avantageux pendant l'été, alors que j'étais en vacances ; mais cela ne l'a pas freiné, car il savait qu'il avait le pouvoir de négocier, d'acheter et de faire installer le système. Chaque étape relevait clairement de sa responsabilité.

Quelle satisfaction pour moi de constater à quel point nos employés sont libres de saisir les bonnes occasions et d'agir ! A mon retour de vacances, nous avions un nouveau système d'alarme fonctionnel. Matthew s'est assuré que j'avais toutes les autorisations et les codes d'accès nécessaires. Je n'ai pas eu besoin d'être là pour faire bouger les choses: Matthew connaissait sa mission et l'a menée à bien.

Un autre exemple est la zone de production. Je n'y vais qu'occasionnellement avec des invités VIP, car il s'agit d'une zone restreinte qui nécessite des procédures d'habillage et de préparation élaborées. Chaque fois que je m'y rends, je suis heureux de découvrir de nouvelles machines et infrastructures. Toutes les décisions sont prises par les personnes compétentes, pas par moi. Je ne signe pas les bons de commande et je n'autorise pas les projets. Grâce à la mission de notre directeur financier, j'ai la certitude que tout reste dans les limites de nos ressources disponibles et que ce qui doit être fait l'est sans délai.

Et puis il y a Fiona. Avant que je ne devienne directeur général, elle dirigeait ce que l'on appelait le département marketing. Elle avait une vision de ce qu'il fallait faire et de la manière de s'y prendre, mais malheureusement, on lui a simplement dit ce qu'il fallait faire. Bien qu'elle ait proposé une meilleure méthode, elle suivait les ordres et n'était pas satisfaite de l'impact de ce qu'elle faisait sur son équipe. Il n'est pas surprenant que toute son équipe ait été frustrée. Lorsque j'ai analysé l'entreprise avant son retour, elle a déclaré que, malgré son titre, elle ne pensait même pas que l'entreprise disposait d'un département marketing.

Lorsque l'organisation a été remaniée pour mettre en œuvre la subsidiarité, Fiona a été nommée à la tête du nouveau service de communication. Sa mission était de s'assurer que notre écosystème comprenne de quoi il s'agissait, afin que les professionnels de la santé puissent intégrer notre thérapie dans leur pratique quotidienne.

Fiona a soudain eu des ailes. Je savais qu'elle était une grande professionnelle, mais je n'avais pas conscience de tout son potentiel. Aujourd'hui, après quelques années, elle a réussi à nous positionner dans l'esprit et le cœur de milliers de médecins en Europe et a donné l'occasion à de nombreuses autorités et fonctionnaires de comprendre notre importance dans l'écosystème de la santé. Se mettre à l'écart, la laisser exprimer son potentiel, a été le meilleur moyen de réussir.

Un dernier exemple pour l'instant est celui du Dr George, que j'ai rencontré alors que j'étais encore dans la phase d'analyse précédant la subsidiarité. À l'époque, le Dr George n'était pas très actif et ne prenait certainement pas d'initiatives dans l'entreprise. Je me suis demandé pourquoi. Il s'est avéré que lorsqu'il avait commencé à travailler pour nous quelques années auparavant, il avait pris un certain nombre d'initiatives, notamment une manière très ambitieuse de montrer comment notre thérapie fonctionnait. Il a invité des personnes de son réseau d'amis et de contacts professionnels à participer à ce projet et elles étaient prêtes à le faire sans rémunération, parce qu'elles étaient intéressées par l'enthousiasme de leur ami et par la nouveauté de la thérapie. Ils voulaient l'aider. Une fois que le Dr George avait tout préparé, il a informé la direction, sans se douter qu'elle opposerait son veto au projet. D'un seul coup, le Dr George a perdu sa crédibilité auprès de son réseau et est devenu amer et désabusé. C'est du moins ainsi qu'il se souvient de cet épisode. Il ne fait aucun doute que la direction avait de bonnes raisons d'agir ainsi ; néanmoins, le manque de clarté quant aux personnes habilitées à prendre des décisions a privé l'entreprise d'initiatives et d'idées nouvelles.

Mise en pratique: créez un environnement qui encourage les initiatives !

Les initiatives sont très fragiles. Comme une flamme vacillante, elles peuvent s'éteindre facilement. En revanche, si une bonne initiative a la possibilité de se développer, elle peut se multiplier de manière exponentielle et changer le monde.

Il en va de même dans votre organisation:

- *Aidez vos employés à faire le lien une fois que leur mission est claire: ils sont non seulement libres, mais aussi censés proposer des initiatives pour répondre aux besoins et aux opportunités qui se présentent dans leur domaine de responsabilité.*
- *Veillez à ce que les succès soient liés à ceux qui prennent les initiatives.*

Aligner le pouvoir sur la mission

Le pouvoir est la capacité à prendre des décisions et à les mettre en œuvre, même si elles sont contestées. Le pouvoir implique la capacité de payer. Si des décisions peuvent être prises, mais que les paiements doivent être autorisés, nous revenons à la case départ. Nous savons tous que celui qui paie est celui qui décide.

La clarté dans le domaine des responsabilités est un outil puissant qui libère le potentiel et permet aux initiatives de prospérer. En fait, la véritable responsabilité doit s'accompagner d'un pouvoir. La confusion règne lorsqu'on dit aux gens qu'ils ont la responsabilité, mais que toutes les décisions doivent être validées par la direction. Soit la direction se contente d'entériner les décisions, soit elle décide si les idées sont acceptées ou non. Dans ce dernier cas, la responsabilité appartient donc à la direction et non à la personne. Les entreprises qui respectent le principe de subsidiarité doivent donc éviter de donner des autorisations.

Les personnes ont une responsabilité spécifique en tant que chefs d'équipe. Ils doivent être libres d'organiser leur équipe comme ils l'entendent et de définir avec chaque membre de l'équipe sa mission individuelle. Chaque membre de l'équipe aura à son tour son propre domaine de responsabilité et de pouvoir. L'idée est de lui confier le pouvoir afin qu'il puisse exprimer son potentiel.

Mise en pratique: se débarrasser des autorisations *(plus d'informations à ce sujet au chapitre 2)*

Vous verrez dans le chapitre suivant comment la transparence au sein de l'entreprise contribuera à garantir que les employés prennent de bonnes décisions quant à l'utilisation qu'ils font des ressources qui leur sont confiées. Ce que nous voulons dire ici, c'est que le fait d'avoir le pouvoir de prendre des décisions d'achat est une conséquence naturelle de la subsidiarité. Il va de pair avec la mission spécifique d'une personne.

Il en va de même dans votre organisation:

- *Attribuer des montants de dépenses annuelles à chaque chef de service et leur demander de faire de même avec leurs subordonnés directs, etc.*
- *Expliquer pourquoi les autorisations d'achat ne seront plus nécessaires, car chaque personne est responsable des décisions financières dans le cadre de sa mission et de ses limites financières.*
- *Au début, vous voudrez peut-être offrir un soutien moral à vos subordonnés directs pour qu'ils prennent des décisions financières, mais restez ferme en ne prenant pas de décision à leur place.*

Respecter les bons canaux dans la subsidiarité

J'ai entendu parler d'un PDG qui évaluait la situation de son entreprise en regardant simplement si les poubelles étaient pleines. Même si l'on nous apprend à avoir des indicateurs de performance clés, les PDG se font une idée de l'état de leur entreprise en considérant des changements subtils. Pour ma part, je suis très intéressé de savoir si les gens aiment leur travail et s'épanouissent dans leur vie, étant donné qu'ils consacrent leur temps et leur énergie à notre mission.

J'aimerais beaucoup demander aux employés comment ils vont, ce qu'ils font, les défis qu'ils ont à relever, les solutions qu'ils ont trouvées, etc. La plupart des employés de l'entreprise ne sont pas sous ma responsabilité directe, donc si je commence à leur demander comment se passe leur travail, j'envoie un mauvais message. Je leur dirais que je ne fais pas confiance à leurs supérieurs pour partager les bonnes informations ; de plus, je donnerais ainsi à l'employé le droit de juger son patron sur une base continue.

Je ne veux pas interférer avec le travail des membres de mon équipe et j'essaie donc de ne pas me mêler de leurs affaires. Lorsque je commence à bavarder autour de la fontaine ou d'un café avec un employé, nous pouvons parler de tout ce qui n'est pas lié au travail. Nous parlons du temps qu'il fait, du sport, des coutumes et de la culture locales, mais je me garde bien de lui demander comment s'est déroulée sa dernière activité ou ce qu'il espère accomplir. S'il revient d'un voyage, nous pouvons parler de ce qu'il a pensé de la ville, s'il a eu le temps de l'explorer, mais pas de l'objectif du voyage.

C'est difficile pour moi, car je m'intéresse beaucoup à ce qu'ils font ; mais grâce à notre pratique de la transparence, je peux accéder à toutes les informations dont j'ai besoin.

Grâce à mes discussions informelles, j'ai au moins une idée de l'attitude et de l'humeur des employés. Si j'ai l'impression que quelque chose ne va pas, j'en fais part à leur supérieur hiérarchique au moment opportun. Cela ne veut pas dire que je ne suis pas disponible pour parler du travail. Chacun sait qu'il peut m'envoyer un message pour un entretien privé. Si quelqu'un souhaite parler de son travail, voire critiquer son chef ou comprendre ce qui se passe, il peut prendre l'initiative d'en parler ; en revanche, je n'en prendrai jamais l'initiative par respect pour mon équipe directe et en cohérence avec la manière dont nous nous organisons.

Mise en pratique: Rester discret

Ian aimerait bien savoir ce que font tous ses employés, mais il est conscient que les conversations sur les affaires avec ceux qui ne sont pas ses subordonnés directs pourraient tourner au vinaigre. Il doit donc être très attentif au type de conversations qu'il aura.

Il en va de même dans votre organisation:

- *Veillez à ce que vos conversations avec les employés n'entrent pas dans le vif du sujet des difficultés liées à leur travail.*
- *Gardez une politique de la porte ouverte pour permettre aux employés de vous contacter à propos de ce qu'ils veulent, mais n'engagez pas de conversations qui impliquent leur hiérarchie. En établissant ces paramètres, les pauses café, etc. restent des échanges plus légers et amicaux.*

Le rôle de la gestion dans la subsidiarité

À ce stade, certains se demanderont ce qu'il reste à la direction dans une entreprise comme la nôtre. Quel est exactement le rôle de la hiérarchie dans une entreprise qui utilise la subsidiarité, lorsque le pouvoir et la responsabilité sont entre les mains de chaque employé?

Le fait que les employés puissent décider de ce qu'ils doivent faire peut sembler alarmant pour certaines personnes, mais en fait, les dirigeants efficaces confient autant que possible leurs responsabilités et leur autorité aux membres de leur équipe. Les managers sont accaparés par les responsabilités qu'ils assument eux-mêmes, alors qu'ils devraient être disponibles pour leur équipe.

Nous pouvons ici rappeler le cas analogue des parents qui possèdent tous les pouvoirs et l'autorité, mais qui délèguent certains aspects de leur responsabilité à d'autres.

Un manager est important pour individualiser les missions. En cas de chevauchement, quelqu'un doit pouvoir aider à clarifier la situation et à faire avancer les choses. Dans ce cas, un membre de l'équipe peut demander l'aide et le soutien de son chef d'équipe.

Les responsables doivent également assurer le suivi nécessaire pour veiller à ce que les missions individuelles correspondent à la fois au potentiel de la personne et à la mission de l'entreprise. Une mission doit être adaptée aux compétences, à l'expérience et à la personnalité d'une personne. Souvent, les échecs répétés s'expliquent par le fait que la mission n'est pas adaptée à la personne. Si les missions sont mal définies, il peut y avoir des chevauchements de responsabilités et de la confusion, ou bien un besoin est négligé et le manager perd du temps à combler les lacunes.

Trouver la bonne place pour chaque personne est un défi permanent pour un manager, car il y a un risque à confier une responsabilité à une personne. S'il s'avère qu'elle n'est pas capable de s'adapter, qu'elle n'assume pas ses responsabilités, elle montrera aussi des signes d'insatisfaction et nuira à notre entreprise. Un ajustement s'impose pour le bien de la personne et de l'entreprise, mais il peut passer par une rétrogradation, ce qui peut être humiliant. En définitive, le manager doit faire preuve de prudence et de tact dans cet aspect de sa responsabilité.

Les managers définissent la stratégie de leur équipe, de la même manière que je définis la stratégie de l'ensemble du groupe par l'organisation et les missions convenues avec les membres de mon équipe directe. Mais la stratégie ne s'arrête pas là. Chaque personne, dans le cadre de sa propre mission, doit développer sa propre stratégie et ses propres tactiques dans son domaine d'influence.

Les directeurs jouent un rôle crucial en aidant chaque membre de leur équipe à être stratégique. Un outil important pour eux est l'entretien individuel qui a lieu une fois par mois. Le manager tente alors de comprendre ce qui se passe. Malgré l'interaction constante au travail, la vue d'ensemble n'est pas toujours claire. Comme nous l'avons déjà vu, des initiatives peuvent être prises sans que le manager soit au courant, et c'est très bien ainsi. Néanmoins, le responsable d'un groupe ou d'une section doit avoir une bonne idée de ce qui se passe, afin que chacun puisse participer à la mission globale et mener à bien sa propre mission en cours.

Mise en pratique: assurez un suivi pour vous assurer que les personnes ont les bonnes missions et que les responsabilités sont couvertes de manière adéquate.

S'il s'agit de la mission de vos subordonnés directs, vous devez assurer le suivi pour veiller à ce qu'une mission particulière corresponde bien à la situation. S'il s'agit de la mission de quelqu'un d'autre, vous devez encourager la personne responsable à faire en sorte que cela se produise. Il en va de même dans votre organisation:

- *En cas de chevauchement, aidez à fixer les limites de la responsabilité.*
- *Lorsqu'il y a une lacune et que quelque chose n'est pas fait ou traité correctement, il faut déterminer si une nouvelle personne est nécessaire pour répondre à ce besoin ou si cette responsabilité peut être intégrée dans la mission existante d'une personne.*
- *Lorsque quelqu'un ne remplit pas sa mission de manière adéquate, il faut envisager d'adapter la mission de cette personne à quelque chose qu'elle est capable de remplir. Les conséquences de cet ajustement seront prises en compte.*

Réunions mensuelles individuelles

La réunion mensuelle en tête-à-tête est une occasion importante pour les membres de l'équipe d'exprimer leurs idées et d'expliquer le "comment" qu'ils ont choisi pour remplir le "quoi" et le "pourquoi" de leur mission. Ils doivent pouvoir explorer et exprimer librement de nouvelles idées, en se servant de leur responsable comme d'une caisse de résonance. Le manager, quant à lui, a la possibilité de remettre en question ces idées, de s'assurer que le raisonnement est valable pour ce qui est fait, qu'il y a suffisamment d'ambition, que le contexte est pris en compte, et de vérifier que la personne n'agit pas par peur, par convention ou par habitude.

Lorsqu'il y a un désaccord entre des managers et des membres de leur équipe, on me demande parfois d'intervenir. Une fois, on m'a demandé de faire preuve d'autorité pour résoudre une crise. Sue, qui était assez nouvelle dans l'entreprise et n'avait pas encore bien compris les concepts de subsidiarité, m'a dit qu'ils faisaient ce qu'on leur avait dit de faire. Je lui ai demandé si elle trouvait cela logique ou utile. Plutôt sur la défensive, Sue a répondu qu'elle n'était convaincue ni de l'un ni de l'autre. J'ai insisté: "Alors, pourquoi le faites-vous?". Elle est devenue incertaine. C'était l'occasion d'expliquer: "Dans le cadre de votre responsabilité, vous devez être convaincue de ce que vous faites. Si quelque chose semble absurde, remettez-le en question, explorez-le, comprenez-le. Et si cela semble toujours absurde, faites-le différemment. N'oubliez jamais pourquoi vous faites quelque chose. Le "pourquoi" est dans votre mission. "La façon dont vous le faites peut changer. C'est entre vos mains". Remarquez comment les gens affinent leurs idées lorsqu'ils doivent les défendre.

Mise en pratique: réunions mensuelles en tête-à-tête

L'entretien individuel est le moment idéal pour qu'un manager essaie de convaincre le membre de son équipe de quelque chose. L'accent est mis ici sur le choix du mot "convaincre", étant donné que le manager a déjà confié des responsabilités spécifiques aux membres de son équipe et qu'il ne peut donc pas exiger que les choses soient faites d'une certaine manière. La frontière est ténue entre le coaching, où le patron écoute, comprend et encourage, et le management, où le patron remet en question, demande des explications et exprime des opinions. Les deux parties peuvent convenir de ne pas être d'accord. En fin de compte, la décision finale est entre les mains du membre de l'équipe.

Il en va de même dans votre organisation:

- *Faites en sorte que vos responsables rencontrent régulièrement leurs subordonnés directs.*
- *Veillez à ce que vos managers fassent la distinction entre "convaincre, contester et demander des explications", ce qu'ils doivent faire, et "exiger une certaine action", ce qu'ils ne doivent pas faire.*

La subsidiarité s'épanouit dans un environnement de valeurs communes partagées

Pour que la subsidiarité fonctionne, certaines valeurs doivent s'épanouir dans l'entreprise: la confiance, l'autonomie et la transparence. Nous allons examiner brièvement chacune de ces trois valeurs.

La valeur de la confiance

Lors de mes entretiens individuels, j'ai remarqué que la confiance évoluait parfois. Au début, certaines personnes s'en tiennent à ce qu'elles pensent que je veux entendre. Elles ne mentionnent que les aspects positifs et me cachent d'autres choses, de peur que je n'intervienne, ne les contredise ou ne perde confiance en elles. Peu à peu, les gens se rendent compte que je suis là pour les aider et que je reconnais pleinement que je suis moins compétent qu'eux en ce qui concerne leur travail. Alors que nous instaurions la subsidiarité dans l'entreprise, il a fallu près d'un an pour que l'un des membres de mon équipe commence à faire allusion à ses échecs et à ses doutes. Ce n'est qu'à ce moment-là que les réunions sont devenues vraiment utiles. Nous tenons ces réunions depuis de nombreuses années maintenant, et elles sont toujours aussi instructives pour moi et utiles pour lui. Dans l'ensemble, elles sont bénéfiques pour l'entreprise en aidant les patients, notre but ultime.

La confiance est fondamentale et va dans les deux sens. Lorsque de nouveaux employés entrent dans l'entreprise, on leur fait confiance par défaut. Ils n'ont pas besoin de la mériter. Comme nous pensons qu'ils tiendront parole, nous n'avons pas besoin de les contrôler ou de les surveiller. Nous partageons ouvertement toutes les informations et stratégies que les employés, y compris les nouveaux, ont besoin de connaître.

Mise en pratique: n'oubliez pas que la confiance à votre égard peut prendre du temps

Ian a tout à fait raison en ce qui concerne la confiance. Tout d'abord, il a raison d'accorder de l'importance à la confiance. C'est la base de toute relation humaine. Deuxièmement, il comprend que vous ne pouvez pas "forcer" les gens à vous faire confiance. La confiance viendra progressivement par le biais d'actions qui démontrent que vous êtes digne de confiance.

Ainsi , dans votre organisation:

- *Soyez patient pour gagner la confiance de vos subordonnés directs, sachant que cela prend sur une certaine période de temps.*
- *De votre côté, faites preuve de confiance envers les autres (ce qui n'est pas de la naïveté, voir le point sur la transparence ci-dessous).*

La valeur de l'autonomie

J'ai travaillé dans une entreprise où l'on attendait beaucoup du travail d'équipe. Une fois, une équipe voulait envoyer une lettre importante. Le responsable voulait non seulement un retour d'information sur sa proposition, mais il insistait pour que nous soyons d'accord sur chaque mot. Quel processus pénible, sans grande valeur ajoutée ! Après tout, le consensus ne consiste pas à garantir une idée superlative, mais plutôt à obtenir le résultat le moins pénible pour toutes les personnes présentes.

L'autonomie consiste à accepter les désaccords et à s'approprier une solution ainsi que ses résultats.

L'autonomie est une valeur essentielle pour notre entreprise. Dans le cadre de sa mission, chaque personne est censée être au courant et prendre les bonnes décisions. L'autonomie peut être un défi, car il n'y a pas de filet de sécurité lié à l'obtention préalable d'une approbation.

Les décisions ne sont pas validées par la direction mais par les résultats. Dans le monde des affaires, la validation est donnée par le client. Si les clients voient ce que vous faites, le comprennent, l'apprécient, en ont besoin et peuvent se l'offrir, ils achèteront peut-être votre produit. Nous sommes validés si les professionnels de la santé intègrent notre thérapie dans leur pratique et aident les patients à améliorer leur santé. C'est le succès à nos yeux.

L'autonomie exige que nous analysions constamment notre environnement. Nous glanons des indices et des suggestions sur les risques, les défis et les besoins à venir, mais le choix de les intégrer reste entre les mains de chacun. Il y aura peut-être des réunions d'équipe pour explorer un défi sous différents angles et coordonner les réponses, mais chacun est pleinement propriétaire de sa part de la solution.

Permettez-moi de noter ici que l'autonomie, dans une entreprise, est en contradiction avec la démocratie. Demander à tout le monde de donner son avis sur un projet relevant de votre responsabilité et procéder ensuite à un vote, c'est courir à la catastrophe. Ceux qui votent contre seront mécontents que leur avis ne soit pas suivi, tandis que les autres se berceront de l'illusion que le plaisir de choisir peut être déconnecté du fait de supporter le poids des conséquences.

L'autonomie n'est pas non plus l'indépendance, car cela signifierait que l'on est seul et que l'on peut faire ce que l'on veut. L'autonomie s'inscrit dans le cadre d'un objectif, d'une mission. Dans l'autonomie, les gens travaillent ensemble, chacun étant soumis à ses propres contraintes. Comprendre les contraintes des uns et des autres, accepter les missions des autres, c'est ce qui donne son sens à l'autonomie.

On peut dire que l'autonomie est un processus continu, c'est pourquoi c'est un thème récurrent dans les réunions mensuelles individuelles.

Mise en pratique: encourager l'autonomie

Puisque l'autonomie implique nécessairement de prendre des risques, il est important d'apporter au moins un soutien moral et efficace à ceux qui progressent dans l'autonomie. Ian a judicieusement identifié un temps de réunion spécifique et régulier pour s'en assurer.

Il en va de même dans votre organisation:

- *S'assurer que tout le monde comprend la signification de l'autonomie, qui diffère de la démocratie et de l'indépendance.*
- *Être prêt à apporter un soutien moral, surtout au début de la subsidiarité, afin que les employés soient prêts à assumer le risque et la responsabilité de l'autonomie, tout en restant attentifs aux rôles et aux besoins des autres membres de l'organisation.*

La valeur de la transparence

Une fois que la confiance et l'autonomie ont pris racine dans une entreprise, la troisième valeur fondamentale, celle de la transparence est possible, à savoir que n'importe qui au sein de l'entreprise peut savoir et voir ce qui est fait. La transparence révèle les projets qui sont soit à moitié ficelés, soit tout simplement de mauvaises idées. Les gens peuvent être réticents à la transparence s'ils ont été constamment surveillés par un micro-manager, car ils ont l'impression que le seul moyen efficace de faire avancer les choses est de garder le patron dans l'ignorance. Souvent, les entreprises peuvent créer une culture du secret lorsque les managers sont trop curieux ou inconstants. Les nouveaux employés devront donc découvrir comment la subsidiarité l'emporte sur la discrétion.

La transparence ne peut exister que si la confiance règne. Lorsque les gens sont convaincus que leur mission leur appartient vraiment, ils ne se sentiront pas menacés à l'idée d'en parler. Ils savent que c'est à eux de prendre les décisions. Même un avis donné par leur supérieur hiérarchique ne reste qu'un avis.

Lorsque la confiance et l'autonomie sont réelles, il n'y a rien à cacher. La transparence renforce également la confiance. Un manager fera davantage confiance à un membre de l'équipe qui parle ouvertement de ses échecs qu'à un membre qui ne fait que manifester ses succès.

Nous avons eu des employés qui aimaient l'autonomie et la confiance qu'on leur accordait, mais qui ne présentaient pas leurs projets tant qu'ils n'étaient pas complètement terminés. Cela signifiait que pendant des semaines, personne ne savait ce qu'ils faisaient. Leur manque de transparence influe sur leur travail, car ils ne cherchent pas à obtenir un retour d'information et ne permettent pas que leurs idées soient remises en question. Le produit final est rarement à la hauteur de ce qu'il aurait pu être. Dans ce cas, il faut trouver une solution, car un travail médiocre n'est pas acceptable. Le supérieur hiérarchique direct devra insister à nouveau sur les avantages et les valeurs de la transparence et sur le fait qu'elle fait partie de notre culture.

Mise en pratique: instaurer une culture de la transparence

Chaque employé se voit confier des responsabilités, mais il est tenu de rendre compte de ses décisions. La trans-

parence donne aux cadres la possibilité de faire des observations et des recommandations en temps utile, qui peuvent garantir le succès ou éviter des erreurs coûteuses.

Il en va de même dans votre organisation:

- *présenter la transparence comme une valeur pour l'ensemble de votre organisation.*
- *attendre des employés qu'ils soumettent leurs idées à leurs supérieurs en temps utile, tout en soulignant que la décision finale revient à la personne qui en a la responsabilité spécifique.*
- *instaurer la transparence dans le système financier, de sorte que les gestionnaires aient une visibilité totale sur les activités et aient accès aux dépenses des personnes qui travaillent dans leur domaine.*

Valeurs pour les chefs d'équipe

Outre les valeurs susmentionnées qui s'appliquent à tous les membres de l'entreprise, la subsidiarité implique des valeurs spécifiques pour les chefs d'équipe, y compris le PDG. Tout d'abord, nous devons simplement être présents, prêts à écouter et à comprendre les membres de notre équipe. La subsidiarité signifie que mon équipe peut me déléguer certaines de ses responsabilités et que je dois être capable de les accepter.

Il est fondamental que les chefs d'équipe veillent à ce qu'une personne n'assume pas des responsabilités qui relèvent déjà de la mission de quelqu'un d'autre. Cela peut être difficile à détecter, mais doit être contré dès que possible. Certaines personnes essaient de se rendre utiles partout, ce qui se résume parfois à une prise de pouvoir. Quelle que soit la motivation, qu'il s'agisse d'un bon cœur ou d'un esprit comploteur, il faut l'étouffer dans l'œuf. Le manager doit s'assurer que chaque membre de l'équipe sait et croit que son domaine de responsabilité sera défendu.

Les chefs d'équipe doivent également faire preuve de beaucoup de patience. Ce qui peut sembler évident peut prendre du temps à être assimilé. Comme les chefs d'équipe ne peuvent pas imposer, ils sont obligés d'expliquer, de remettre en question les idées, de contextualiser, de réexpliquer et de veiller à ce que les choses deviennent claires. Heureusement, d'autres choses qui semblaient insignifiantes et inutiles, et qui ont échappé au manager, porteront leurs fruits sans même que l'on s'en aperçoive.

L'instauration de la confiance est avant tout entre les mains du dirigeant. La ponctualité est le premier signe de fiabilité. Les dirigeants doivent également tenir leurs promesses. D'autres caractéristiques précieuses des dirigeants sont la franchise, l'ouverture et la capacité à partager. Aussi surprenant que cela puisse paraître, l'une des valeurs les plus fondamentales est l'humilité. La qualité d'une idée dépend de sa mise en œuvre. Les leaders doivent proposer librement des idées, aider les membres de leur équipe à grandir, encourager et faire confiance, tout en restant invisibles. Les chefs d'équipe qui s'attribuent les mérites gaspillent le potentiel de leurs équipes.

Mise en pratique: renforcez votre équipe en la faisant briller

La subsidiarité consiste à donner aux personnes qui ont les compétences et les responsabilités effectives le pouvoir de prendre des décisions en temps utile. L'intérêt de gérer un groupe de personnes en subsidiarité est de leur donner les moyens de remplir leur mission au mieux de leurs capacités.

Il en va de même dans votre organisation:

- *Inspirer les chefs d'équipe à grandir personnellement dans la patience et l'humilité*
- *Aidez vos chefs d'équipe à apprécier la valeur de l'épanouissement des autres.*

Le bien commun, corollaire de la subsidiarité

En tant que système politique, la subsidiarité s'est développée dans un contexte culturel. Les habitants d'un même quartier s'entendent sur un certain nombre de points. Ils partagent des valeurs et des attentes et ont souvent une religion et une histoire communes. Ces points communs semblaient nécessaires pour que la subsidiarité fonctionne réellement.

Dans notre entreprise, nous avons rencontré certains défis. Si chacun était pleinement investi et ambitieux dans sa propre mission, il arrivait qu'il interfère avec la mission des autres.

Par exemple, nous disposons d'une salle de pause agréable où les employés peuvent déguster un verre de jus d'orange naturel, une tasse de café ou prendre leur repas. Il fut un temps où les gens étaient tellement occupés par leurs missions qu'ils prenaient rapidement une bouchée pour retourner à leurs occupations. La vaisselle sale s'entassait, mais ce n'était pas normal. La mission de la femme de ménage est de maintenir notre environnement de travail agréable afin que nous puissions travailler efficacement. On n'attend pas d'elle qu'elle fasse le ménage après tout le monde.

Nous avons réalisé que nous avions besoin d'une valeur partagée explicite qui pourrait aller de pair avec la subsidiarité. Historiquement, l'une des autres valeurs souvent associées à la subsidiarité est celle du bien commun. Nous avons passé un certain temps à essayer de comprendre si et comment elle pouvait s'appliquer à nous. Le mot "commun" s'applique, car c'est un concept qui doit s'appliquer à chacun d'entre nous, quelle que soit notre mission, quelle que soit notre situation, et qui que nous soyons.

Le concept de bien était plus délicat car aujourd'hui ce concept de "bien" est parfois compris comme lié aux circonstances. Dans le concept de bien commun, cependant, la notion de bien semble transcender les situations spécifiques et rester un point de référence indépendamment de la tempête ou de la crise actuelle. C'est ainsi que nous avons essayé de comprendre ce concept.

Nous aurions pu passer beaucoup de temps à réfléchir au fait que les différentes cultures du monde peuvent avoir des compréhensions différentes du concept de bien. En tant qu'entreprise, nous n'avons pas ressenti le besoin d'aller trop loin dans la réflexion philosophique. Nous avons donc décidé d'aligner notre concept de bien sur ce qui est généralement considéré comme bon dans notre culture judéo-chrétienne.

Nous avons également réalisé que le bien commun n'était pas le bien du plus grand nombre contre le plus petit nombre ou vice versa. D'une part, le bien d'une personne ne doit pas être sacrifié pour que beaucoup puissent prospérer. D'autre part, le bien d'une personne ne doit pas non plus être considéré comme plus important que le bien du plus grand nombre. Notre conception est celle d'un acte d'équilibre, où le bien de tous et le bien de chacun sont continuellement en équilibre. Plus facile à dire qu'à faire.

Après nos réflexions, nous étions prêts à diffuser notre compréhension du bien commun dans l'ensemble de l'entreprise.

Une fois la valeur du bien commun apparue

Une fois que nous avons commencé à partager la valeur du bien commun comme étant nécessaire à notre organisation, nous avons constaté des effets intéressants. Par exemple, lorsque j'explique la notion de bien commun aux nouvelles recrues, j'aime prendre l'exemple de notre salle de pause. Chacun sait qu'il est censé nettoyer ce qu'il utilise, dès qu'il l'utilise, qu'il s'agisse d'une tasse à café ou d'une assiette. Nous reconnaissons ainsi en commun que nous bénéficions tous du bien de cette salle. L'idée de bien commun consiste à se soucier des autres tout en assumant ses propres responsabilités.

Le bien commun n'est pas un ensemble de règles, mais plutôt une mentalité qui consiste à tenir compte des autres. Il peut y avoir des circonstances exceptionnelles lorsque, par exemple, quelqu'un reçoit un invité et n'est pas en mesure de nettoyer les tasses à café. Dans ce cas, elle peut simplement les laisser sales là où elles sont. Quelqu'un d'autre, généralement la personne suivante, les ramassera et les lavera. Même s'ils ne savent pas d'où viennent ces tasses, ils sont convaincus que la personne qui les a laissées l'a fait pour une bonne raison et qu'en les lavant, ils contribuent à l'intérêt général. Il s'agit d'un exemple trivial, mais il montre de manière très pratique comment une culture qui reconnaît le bien commun est nécessaire à la subsidiarité.

En pratique, cela signifie que lorsque les personnes vivent leur mission et assument leurs responsabilités, elles veillent à ce que les autres n'interfèrent pas avec leur mission. Le simple fait de penser au bien commun permet de contrer le risque d'égoïsme qui peut envahir les personnes autonomes. C'est particulièrement fondamental pour les personnes qui travaillent en équipe dans l'accomplissement de leurs missions.

Par exemple, l'équipe marketing s'assurera que le chef de production sait ce qu'il fait afin qu'il puisse s'organiser correctement. Lorsqu'un camion rempli de médicaments arrive à notre usine en Belgique, les personnes disponibles donnent un coup de main pour le décharger. Lorsque quelqu'un est en congé maladie, ses collègues veillent à ce qu'il n'y ait pas d'urgences non traitées. Ce ne sont là que quelques exemples de la manière dont nous gardons à l'esprit le bien commun.

La notion de bien commun implique également que si quelqu'un demande de l'aide, un collègue doit se demander s'il est possible d'apporter sa contribution. Il va sans dire qu'il faut éviter d'aider au détriment de sa propre mission. Maintenir un équilibre adéquat entre la prise en charge de sa propre responsabilité et la prise en compte des défis des autres est un aspect qui mérite réflexion et qui est souvent abordé lors des entretiens individuels.

Les défis de la défense du bien commun

Dans la pratique, le bien commun s'avère difficile à maintenir, car les gens ont des points de vue différents sur ce que signifie maintenir un équilibre entre le bien de tous et le bien de chacun. Les gens sont conscients de ce qu'ils font pour les autres, comme laver la tasse de café de quelqu'un d'autre ou rester tard pour aider quelqu'un, mais ils sont moins conscients du bien fait par les autres. Certaines personnes ont commencé à se plaindre que le bien commun était toujours pour les autres et jamais pour elles. Nous nous sommes rendu compte qu'il était important de souligner les moments où il était mis en pratique et de montrer comment chaque personne contribuait au bien commun.

Défendre le bien commun est un travail en cours, surtout en période de stress et de crise, où il est facile de mal évaluer le concept de bien et l'impact qu'il peut avoir sur les autres. Nous attendons de chaque personne qu'elle fasse ce qui est juste, quelle que soit sa position. Notez que la pleine humanité de chaque personne est mise à contribution. Il ne s'agit pas simplement d'appliquer des règles ou de suivre des règlements. Il s'agit de s'approprier le moment présent et de prendre des décisions sur le bien et le mal.

Certains penseront peut-être que nous sommes injustes de demander une telle chose à nos employés, sans leur donner des lignes directrices strictes et une règle à suivre. Il y a un risque de décisions arbitraires car le concept de bien peut être compris différemment selon les moments, voire manipulé pour s'adapter à chaque personne.

Nous pensons être justes parce que nous nous appuyons sur quelque chose d'humain. Chacun d'entre nous, dans sa vie privée, est confronté à des décisions sur le bien et le mal.

Qu'est-ce qui est bon pour les enfants? Que dois-je faire pour mes parents? Dois-je prendre ces vacances ou dois-je rendre visite à un ami? Dois-je acheter tel ou tel type de nourriture? Chacun d'entre nous est confronté à ce type de dilemme. Lorsque nous invitons des personnes à participer à notre mission, nous nous adressons à l'ensemble de la personne, y compris à son intégrité morale.

Nous pouvons donc conclure que le bien commun est une toile de fond culturelle nécessaire pour que la subsidiarité se développe de manière humaine et efficace.

Mise en pratique: transmettre la valeur du bien commun et de la subsidiarité

Subsidiarité et bien commun vont de pair. Les employés doivent assumer pleinement la responsabilité de leur mission sans perdre de vue le groupe dans son ensemble. Le bon sens intervient ici, ainsi que l'appel à l'analogie avec la manière dont ils prennent des décisions dans leur vie familiale.

Il en va de même dans votre organisation:

- *S'assurer que vos employés savent ce que signifie le bien commun dans le contexte de votre organisation.*

- *Fournir des exemples de la manière dont la subsidiarité et le bien commun se rejoignent.*
- *Trouver des moyens de valoriser et d'apprécier le fait que le bien commun est défendu par les employés.*
- *Fixer des limites claires avec vos employés afin de respecter les canaux d'autorité appropriés et d'éviter de marcher sur les plates-bandes de vos chefs d'équipe.*
- *Encourager les chefs d'équipe à veiller à ce que personne n'empiète sur les missions et les responsabilités des autres.*

Résilience

La résilience est une conséquence des deux outils de gestion que sont la subsidiarité et le bien commun. Nous pouvons comprendre ce concept en observant le monde naturel, qui s'adapte à des circonstances changeantes. Prenons l'exemple des arbres. Pendant l'été, un arbre a des feuilles pour se nourrir et croître, tandis que pendant l'hiver, il n'a pas de feuilles pour se protéger du froid. Je suis fasciné par la façon dont un arbre se tord et se plie au milieu d'une tempête, tout en conservant son intégrité et sa force. Le pouvoir d'adaptation se retrouve partout dans le monde naturel. Au fil des siècles, l'être humain a également fait preuve d'une incroyable résilience, même dans des conditions extrêmes telles que les déserts et les pôles glacés. Nous nous adaptons à des circonstances changeantes.

La résilience a été un choix clé pour notre entreprise. Nous nous efforçons de nous adapter à l'inattendu. Pour nous, cela signifie avoir un excédent. Nous n'optimiserons peut-être pas les rendements financiers, mais nous optimiserons notre survie dans des circonstances changeantes.

Se demander "qui vous remplacera? "

La question "Qui pourrait vous remplacer si vous n'étiez pas en mesure de venir demain? " est une question difficile à poser. C'est pourtant possible dans une entreprise qui pratique la subsidiarité.

Chaque membre de l'entreprise doit prendre en compte la possibilité qu'il ne vienne pas travailler le lendemain. En fait, il incombe à chacun de réfléchir à la résilience et de se rendre remplaçable. Les gens peuvent se sentir hors de leur zone de confort en explorant cette voie, mais c'est important pour la résilience, et ce n'est possible que si la confiance est vraiment là.

Parfois, je suis au courant de nouvelles passionnantes avant qu'elles ne soient rendues publiques. J'aime quand l'une de nos jeunes femmes, prenant l'initiative de ma politique de la porte ouverte, me fait savoir qu'elle attend un bébé. Peut-être attend-elle de le dire à d'autres personnes, mais elle veut que je le sache, un peu effrayée par ce qui pourrait arriver. Je la félicite chaleureusement et me réjouis de sa nouvelle aventure en tant que mère.

Étant donné que nos employés sont composés d'environ 80 % de femmes, il arrive souvent que trois ou quatre d'entre elles attendent un enfant ou sont en congé maternité. Si la réorganisation est certainement implicite pour le reste de l'équipe, la responsabilité et le pouvoir sont entre les mains de la future maman. Si sa mission est indispensable, elle doit déterminer comment elle sera menée à bien pendant son absence ; ou si sa mission n'est pas trop sensible au temps, elle doit préciser les détails de sa mise en pause.

Je développerai une facette de la résilience dans un autre chapitre, lorsque je parlerai d'une responsabilité qui m'incombe et qui consiste à inciter tout le monde à rechercher de nouvelles opportunités.

Bonnes pratiques: résilience

La résilience est la capacité à s'adapter à des circonstances changeantes, ce qui est souvent crucial pour permettre aux organisations d'aller de l'avant. Un aspect important de la résilience est le fait d'être remplaçable.

Il en va de même dans votre organisation:

- *Il faut d'abord vérifier si la confiance est suffisante pour que les employés ne se sentent pas trop*

menacés par la demande faite à chaque personne de prévoir comment elle pourrait être remplacée.
- *Transmettre ensuite la valeur de la résilience afin que le contexte soit clair pour la demande qui suivra.*
- *Ensuite, transmettre l'attente que les employés élaborent des plans de remplacement viables avec leurs responsables avant de prendre un congé ou un congé maladie.*

Conclusion

Rappelez-vous qu'une mission comprend un POURQUOI et un QUOI, mais pas le COMMENT, et que les missions doivent s'aligner sur les responsabilités.

Une fois la subsidiarité associée au bien commun et à la résilience, la recette d'une synergie saine est toute trouvée. Les gens canaliseront leur énergie vers la réalisation de biens qui aideront à la fois l'entreprise et les personnes qui la composent.

Chapitre 2

Systèmes financiers défaillants et subsidiarité

L'un des aspects les plus importants de la subsidiarité est l'alignement de la responsabilité sur le pouvoir, ce qui signifie que ceux qui ont des missions à accomplir disposent de ce qui est nécessaire pour les mener à bien. Cela semble facile? Apparemment, ce n'est pas le cas. De nombreuses entreprises font faillite à cause d'un mauvais alignement, alors qu'elles étaient autrefois très rentables.

Dans ce chapitre, j'aimerais tout d'abord retracer avec vous un certain nombre de pratiques financières typiquement inefficaces que j'ai rencontrées au fil des ans. Nous verrons ensuite que la subsidiarité va bien au-delà du simple colmatage de fuites.

Commençons par le moment où j'ai eu 18 ans et où j'ai dû faire le choix difficile de mes études. La biologie m'attirait parce qu'elle concernait des êtres réels qui avaient besoin de toutes leurs parties pour bien fonctionner. J'aimais que tout soit nécessaire. L'ingénierie m'attirait aussi parce qu'il n'y a pas de marge de manœuvre pour se sortir d'une erreur. Mais je n'étais pas prêt à choisir une carrière, et encore moins une matière qui allait durer toute ma vie. J'ai donc opté pour des études de commerce afin de repousser le choix de mon secteur d'activité.

En France, ces études commerciales particulières durent cinq ans et nécessitent le choix d'une spécialisation. J'ai opté pour la finance d'entreprise, qui veille à ce que l'argent circule de manière adéquate dans une organisation pour la faire fonctionner. La circulation de l'argent dans une entreprise fonctionne un peu comme le sang dans un être vivant, apportant de l'oxygène et des nutriments à chaque organe. Cela implique de savoir comment fonctionnent les différentes parties d'une organisation et comment elles fonctionnent ensemble comme un tout.

Comme je n'avais encore aucune idée du secteur dans lequel je devais entrer, j'ai pensé que le fait de travailler dans le département financier me donnerait une vue d'ensemble de l'entreprise, étant donné que chaque département a besoin de payer pour fonctionner.

Le financement des entreprises a trois objectifs principaux.

1. Le premier objectif est de s'assurer que l'entreprise est rentable et qu'elle dispose des liquidités nécessaires à son fonctionnement. C'est l'objet de la comptabilité générale et de la gestion de trésorerie. Si vous vous trompez sur ce point, vous allez faire faillite.
2. La seconde est de couvrir les taxes L'État exige que vous lui indiquiez combien vous gagnez afin de s'assurer qu'il reçoit sa part (équitable?). C'est l'objet de la comptabilité fiscale. L'État fixe les règles qui lui permettent de prélever des taxes sur la valeur ajoutée,

sur le travail de vos employés, sur les bénéfices et, en fait, sur tout ce qui se passe dans l'entreprise. Si vous vous trompez, vous risquez de devoir payer des amendes, voire d'aller en prison.
3. Le troisième objectif est d'informer la direction de ce qui se passe dans l'entreprise. Ils doivent connaître le pouls de leur entreprise. Si vous vous trompez, votre entreprise ne s'adaptera pas à l'évolution des besoins, et les opportunités et les affaires se tariront. Une fois de plus, la métaphore de l'organisme vivant s'avère utile. Ce dernier domaine de la finance est appelé comptabilité de gestion, ou système d'information de gestion, ou encore contrôle de gestion.

Les pratiques inefficaces ou "fuyantes" que je vais évoquer ont trait à ce dernier objectif du financement des entreprises, à savoir le contrôle. Les dirigeants d'entreprise peuvent avoir l'impression qu'ils ont besoin de contrôler étroitement les choses pour bien faire leur travail. Je ne pense pas qu'ils réalisent que les pratiques qu'ils mettent en place nuisent en fait à l'efficacité qu'ils tentent d'obtenir.

Première pratique défectueuse: les cadres s'appuient sur des données douteuses pour prendre des décisions importantes

Au début de ma carrière, j'ai vécu une expérience qui a marqué le reste de ma vie. Cela s'est passé lors de mon premier emploi, dans l'industrie de la laine.

Les responsables de notre siège social à Paris souhaitaient connaître l'impact de l'épaisseur de la laine sur certains de leurs paramètres opérationnels. Le directeur financier, le CFO (Chief Finance Officer), nous a donc demandé de compiler des données sur l'épaisseur de la laine au cours des dernières années et de les présenter à la direction générale. Nous avons répondu qu'il s'agissait d'une question qui n'avait jamais été suivie et qu'il n'y avait donc pas d'informations pertinentes à offrir. Le directeur financier nous a répondu: "La direction l'a demandé, nous devons donc le faire". Il nous a proposé d'établir les statistiques sur la base de nos propres estimations. En d'autres termes, de mentir.

Nous lui avons fait valoir que la fabrication d'informations ne serait pas utile aux cadres supérieurs, qui risquaient de fonder leurs décisions sur des informations non étayées, voire trompeuses. Le directeur financier a insisté sur le fait que nous connaissions les informations réellement importantes et que nous nous contentions de les illustrer par des chiffres.

Chapitre 2: Systèmes financiers défaillants et subsidiarité

Cet échange m'a amené à tirer deux conclusions importantes sur les finances:

- D'une part, les chiffres sont utilisés pour raconter une histoire.
- Deuxièmement, la direction risque de ne pas obtenir des données véridiques en raison d'incitations discordantes entre la direction et les personnes chargées de fournir les données. Dans le cas présent, les ambitions de carrière du directeur financier l'ont emporté sur la fourniture de données exactes.

Ce directeur financier a été licencié quelques mois plus tard pour manque d'éthique. Pour ma part, lorsque j'ai quitté cette entreprise, j'ai emporté avec moi la précieuse découverte des risques liés au fait que les cadres supérieurs s'appuient sur des données douteuses.

Si les hauts responsables s'appuient sur les données fournies par leurs employés pour prendre des décisions importantes, quelles garanties ont-ils que ces données sont non seulement correctes, mais aussi qu'elles resteront pertinentes?

Deuxième pratique défectueuse: Budgétiser pour rester pertinent et Dépenser parce que c'est dans le budget

Lorsqu'il s'agit d'investir de l'argent et de s'assurer une trésorerie saine, nous avons quelques contraintes de base.

- La première est que nos ressources sont limitées.
- La seconde est liée au fait que l'entreprise est composée de nombreuses personnes: si une ou quelques personnes devaient s'accaparer toutes les ressources, cela mettrait tous les autres dans l'embarras.

Soyons clairs: lorsque je parle de "ressources", je parle d'argent.

Voici un scénario typique de l'élaboration d'un budget. La direction souhaite optimiser l'utilisation de ses ressources pour mener à bien la stratégie qu'elle a définie. Les différents services doivent prévoir les sommes dont ils auront besoin et les bénéfices qu'ils en tireront. Une fois que toutes les propositions ont été soumises selon un format standard, le service financier consolide tous les projets, plans et aspirations des employés. Ces données sont ensuite analysées par la direction générale.

Il n'est pas surprenant que les demandes d'argent soient généralement exagérément élevées. Cela s'explique par le fait que chaque service s'efforce d'apparaître comme essentiel et optimal pour l'allocation des ressources. En outre, et c'est compréhensible, tout le monde veut simplement gagner un peu plus d'espace pour respirer. Cela me fait penser aux chevaux lorsqu'ils sont sellés: ils aspirent leur souffle lorsque la sangle est serrée autour de leur ventre. Il faut donc attendre quelques minutes qu'ils expirent ou donner un coup de genou dans le ventre du cheval pour pouvoir serrer suffisamment la sangle. Il n'est vraiment pas prudent que la selle se détache une fois que vous êtes déjà en selle, car vous risquez de tomber. Dans le cas de l'ajustement des budgets, il y aura un va-et-vient avec des parties rejetées et d'autres simplement modifiées. En fin de compte, le budget s'avère être un compromis entre ce que les gens ont proposé de faire et ce que la direction estime devoir être fait. Il peut être difficile d'évaluer si la "selle budgétaire" est suffisamment serrée pour le voyage.

Au cours de ce processus, les gens ne sont que trop conscients que la direction pourrait se poser des questions: "S'ils n'ont pas tout dépensé l'année précédente, pourquoi auraient-ils besoin de quelque chose d'équivalent ou de plus pour l'année suivante?" Et c'est justement cette question (formulée ou non) qui pousse les membres d'une organisation à dépenser jusqu'au dernier centime de leur budget avant la fin de l'année, qu'il s'agisse ou non d'une utilisation efficace des ressources.

Les budgets ont donc des effets secondaires que je trouve assez terrifiants. Tout d'abord, les gens sont jugés sur leur capacité à prédire l'avenir. Si les gens sont récompensés pour leur capacité à remplir leur budget, les budgets ambitieux seront pénalisés tandis que les budgets trop conservateurs seront récompensés. Or, en réalité, la réussite d'une entreprise repose sur la prise de risques calculés et adaptés à l'évolution des circonstances.

Deuxièmement, l'élaboration des budgets prend du temps, souvent des mois. Cela signifie que beaucoup de temps et d'énergie sont consacrés par la direction à essayer de prédire l'avenir et à négocier, pour finalement aboutir à un compromis qui ne satisfait personne.

Troisièmement, une idée géniale pendant la période d'élaboration du budget peut très bien s'avérer être une idée assez stupide quelques mois plus tard lorsqu'il s'agit de la mettre en œuvre. Néanmoins, étant donné que le budget prévoit un financement pour la proposition, celle-ci peut très bien être mise en œuvre de toute façon.

Un directeur financier local que je connais m'a raconté comment il doit mettre en œuvre un processus budgétaire rigoureux qui exige de spécifier quand les articles seront achetés et à quel prix. Le fait de ne pas acheter les articles conformément à ces spécifications est considéré comme un échec. Cela signifie souvent que l'on passe à côté d'opportunités simples. Par exemple, l'entreprise avait prévu d'acheter des tables et des chaises pour ses nouveaux bureaux en cours de construction. Leur fournisseur leur a offert une réduction de 50 % à condition que le mobilier soit acheté un mois plus tôt que prévu. Bien que les marchandises aient pu être livrées au moment voulu, il a fallu renoncer à cette opportunité, car elle dépassait les prévisions budgétaires. Il s'agissait d'un gaspillage des ressources de l'entreprise.

N'est-il pas ironique que la façon dont les entreprises établissent leur budget annuel puisse être si contre-productive pour le bon fonctionnement de l'entreprise?

Troisième pratique défaillante: instaurer des politiques d'entreprise pour contrôler les employés

Les entreprises craignent que l'argent, les talents ou le temps ne soient gaspillés dans l'entreprise. La réaction instinctive consiste à élaborer de plus en plus de règles ou de politiques d'entreprise pour s'assurer que les ressources sont utilisées à bon escient.

Par exemple, les entreprises mettent souvent en place des politiques visant à s'assurer que les employés commencent leur travail à l'heure et ne le quittent pas trop tôt. Cette politique doit être appliquée, ce qui implique que certains employés consacrent du temps et de l'énergie à contrôler les autres. En outre, il peut y avoir des pénalités pour ceux qui arrivent en retard et des récompenses pour ceux qui arrivent à l'heure. (D'ailleurs, les récompenses et les pénalités peuvent également être utilisées pour encourager le respect du budget). Mais les récompenses peuvent s'avérer contre-productives. Il faut garder à l'esprit que si une entreprise encourage un certain comportement, elle en découragera un autre. Dans le cas de la ponctualité, par exemple, les employés sont récompensés pour arriver au bureau à l'heure ; cependant, s'ils passent l'heure suivante à prendre un café et à bavarder, ils risquent de perdre leur temps sans que l'entreprise n'en tire aucun bénéfice. Si les employés ne s'appuient que sur ce qui est mesuré, il est facile de trouver des failles. Trop souvent, les politiques peuvent étouffer la créativité et la liberté des employés à s'adapter à ce que l'entreprise doit faire pour le client.

Les récompenses et les sanctions doivent être parfaitement pensées et adaptées à l'évolution du temps. Nous parlons ici d'une utopie qui n'existera jamais. Quoi qu'il en soit, la tentation est grande pour les directions générales de contrôler leurs employés par le biais de politiques.

> *Les nombreux contrôles mis en place par la direction ne garantissent pas une plus grande efficacité de l'entreprise. Au contraire, ils peuvent condamner l'entreprise à répondre lentement aux demandes changeantes du marché, ce qui pourrait sérieusement affecter la rentabilité de l'entreprise.*

Un système de gestion financière conforme à la subsidiarité

Ayant fait l'expérience directe des faiblesses de ce que j'ai appelé "pratiques défaillantes", j'étais à la recherche d'un système suffisamment souple pour s'adapter à la réalité au fil du temps. Un système qui offrirait la possibilité d'obtenir des informations significatives aux personnes qui ont réellement besoin de ces données, qui aiderait l'entreprise à être rentable et qui donnerait accès aux ressources à ceux qui pourraient en bénéficier.

Je dis que c'est ce que je voulais, mais je n'étais ni directeur financier ni directeur des finances de l'entreprise. Petra travaille dans l'entreprise depuis plus de 20 ans, où elle a débuté en tant qu'assistante comptable. Au fil des ans, elle a obtenu une maîtrise en finance d'entreprise. Elle comprenait les défis de l'entreprise et nous partagions de nombreuses préoccupations concernant les dangers d'un système de gestion financière.

Petra se distingue également par le fait qu'elle cherche à comprendre ce qui est en jeu avant de formuler sa propre opinion. Même dans les situations les plus délicates, elle commence toujours par poser des questions et les approfondit jusqu'à ce qu'elle comprenne ce qui se passe. Elle est prête à envisager des idées, des plus novatrices aux plus absurdes: une excellente partenaire d'entraînement. Nous avons donc étudié ensemble la manière de mettre en place notre système de gestion.

Se débarrasser des bons de commande signés

(Nous explicitons ici une pratique déjà recommandée au chapitre 1).

Nous voulions que quelque chose fonctionne le plus rapidement possible afin que l'alignement des pouvoirs et des responsabilités soit clair pour tout le monde.

Nous avons commencé par refuser de signer les bons de commande.

Un bon de commande est un document envoyé à un fournisseur indiquant ce que vous voulez et le prix convenu. Avant mon arrivée, l'ancien directeur général signait tous les bons de commande. Dès mon premier jour à la tête de l'entreprise, j'ai voulu mettre un terme à cette pratique. Après tout, je n'avais aucune idée de la plupart des matériaux de laboratoire que nous achetions. Comment pouvais-je savoir si quelque chose était un bon achat alors que je ne pouvais même pas prononcer son nom? Deuxièmement, en approuvant un achat, je donnais l'impression d'en assumer la responsabilité. Il peut s'agir d'une responsabilité partagée, mais pour la personne qui propose l'achat, c'est une responsabilité diminuée. Cela envoyait le message erroné que le PDG sait mieux que quiconque. Une autre raison pour laquelle je suis contre la signature des bons de commande est ma disponibilité limitée en tant que PDG pour signer, ce qui signifie que des heures, des jours ou même des semaines peuvent être perdus avant qu'un achat de quelque chose de nécessaire puisse être effectué.

Petra était d'accord pour dire que les bons de commande signés devaient être la première chose à éliminer. Vous allez voir pourquoi cela n'impliquait pas de donner un chèque en blanc à tout le monde, de fermer les yeux et d'espérer simplement que nous ne dépenserions pas plus que ce que nous avions.

Feuilles de calcul simples

Notre premier système de gestion était une simple feuille de calcul en ligne: une pour chaque personne qui devait faire des achats. Tant que les personnes ne dépassaient pas les montants que nous leur avions alloués, elles étaient libres de dépenser pour ce dont elles avaient besoin sans autorisation supplémentaire.

Elles organisent le montant qui leur est alloué par projet ou par activité et affectent leurs achats en conséquence. Le tableur attribue un code à chaque commande.

Lorsque les factures arrivaient au service comptable, celui-ci savait que s'il y avait un code, il pouvait être payé. En fait, chaque personne de l'entreprise pouvait autoriser elle-même ses achats. Plus besoin de signer.

Ce simple changement a provoqué une véritable révolution. Les gens étaient habitués à attendre, à négocier et à expliquer. Désormais, ils étaient libres de décider et d'agir. Au début, certains cherchaient quand même à obtenir mon approbation. Je refusais, bien sûr, en expliquant que c'était leur responsabilité et non la mienne. Je pouvais donner mon avis si c'était ce qu'ils voulaient, mais pas plus. Ils ont appris à mieux formuler leurs questions. Très vite, les gens ont compris qu'ils avaient vraiment le pouvoir de décider de leurs achats.

La feuille de calcul a permis plusieurs choses importantes: le département des finances a pu s'assurer qu'il n'allouait que les fonds existants ; les personnes individuelles ont pu prendre des décisions qui correspondaient à leurs responsabilités directes ; et nous avons ainsi montré que nous étions vraiment sérieux lorsque nous disions que nous voulions aligner la responsabilité et le pouvoir.

Il était fascinant d'observer comment les gens choisissaient de gérer leurs propres ressources. Par exemple, Georgina n'a consacré qu'une partie des ressources à ses activités de l'année. En tant que dépensière prudente, elle s'efforce de garder quelque chose au cas où un besoin imprévu se ferait sentir. Il y en a eu d'autres comme elle. Nous avons été très heureux de découvrir des personnes qui n'avaient jamais vraiment pu exprimer leur sens de l'économie, une qualité si importante pour la gestion de l'argent.

Dès lors, nous avons insisté pour que les gens gèrent leur budget professionnel de la même manière que leur budget familial.

Nous avons également compris qu'il fallait prendre une mesure spéciale pour soutenir les Georgina dans l'entreprise. En effet, si, à la fin de l'année, nous leur annoncions que tout ce qu'ils avaient prudemment épargné au cours de l'année serait effacé au début d'un nouvel exercice financier, ils auraient été très contrariés. C'est pourquoi, grâce à Georgina et à d'autres personnes comme elle, nous avons institué la règle selon laquelle toutes les économies d'une année sont reportées sur l'année suivante. Cela a empêché les gens d'essayer d'utiliser tout leur budget chaque année. L'esprit d'économie a ainsi été encouragé et les gens se sont sentis incités à commencer à économiser une année en vue de projets créatifs dans l'année à venir.

Pensant davantage comme un ingénieur, Lucas a géré ses ressources différemment. Dès qu'il a reçu son plafond pour l'année, il a planifié toutes ses activités en fonction du moindre centime qui lui était alloué. De cette manière, il pouvait sentir toutes les contraintes et étendre les possibilités pour remplir sa mission. Au fil des mois, il réaffectait l'argent d'une activité à l'autre. À la fin de l'année, Lucas n'avait pas tout dépensé, mais il avait certainement maximisé ses possibilités, ce qui est précieux pour une entreprise.

Sarah, en revanche, était une accumulatrice, car ses projets s'étendaient souvent sur plusieurs années. Lorsqu'elle entreprenait quelque chose, elle avait besoin d'être sûre de pouvoir mener à bien ses activités, c'est pourquoi elle essayait d'accumuler le plus d'argent possible. Sarah considérait chaque centime dépensé comme le sien. C'est une excellente attitude, car elle fait attention à ses décisions.

Il y avait ensuite les dépensiers plus occasionnels. Ils ne mettaient pas leur feuille de calcul à jour tant que leur supérieur ou le service comptable ne le leur rappelait pas. Ces personnes étaient faciles à repérer, car elles ne prenaient pas leur responsabilité financière aussi sérieusement qu'elles le pouvaient. Nous avons réalisé qu'ils avaient besoin de plus de temps pour comprendre pleinement le concept de subsidiarité. Ils appréciaient l'autonomie et leur pouvoir de dépenser, mais pas nécessairement la responsabilité qui en découlait.

Matthew avait encore une autre façon de gérer l'argent. Il négociait âprement avec nos fournisseurs. Il voulait faire le plus possible avec ce qu'il avait. Chaque centime négocié était donc pour lui un centime de plus qu'il pouvait dépenser plus tard. Il y avait pas mal de gens comme Matthew qui négociaient pour obtenir le meilleur accord possible. Ils étaient fiers de leurs succès et se félicitaient de leur capacité à faire plus.

Certains de nos fournisseurs ont ainsi été plongés dans la confusion. À l'époque de Noël, ils s'en tenaient à envoyer une bouteille de vin ou une autre marque de gratitude au PDG. Soudain, le PDG n'était plus celui qui décidait et les fournisseurs se sont rendu compte qu'ils devaient offrir leurs cadeaux à quelqu'un d'autre dans l'entreprise.

Certains employés ne se sentant pas à l'aise pour négocier, ils ont parfois demandé à l'un des négociateurs de les aider à obtenir la meilleure offre pour des contrats ou des achats spécifiques. Il était agréable de voir cette dynamique se mettre en place.

Alice, la femme de ménage, était remarquable. Avec les ressources qui lui sont allouées, elle décide du meilleur papier toilette ou du désinfectant le plus efficace. Sa mission est de faire en sorte que les employés des bureaux aient un lieu de travail agréable afin qu'ils soient efficaces. La cuisine étant sous sa responsabilité, elle a dû faire face au problème

Chapitre 2: Systèmes financiers défaillants et subsidiarité

de l'un de nos deux réfrigérateurs, trop petit pour nos besoins. Alice ne voulait pas consacrer toutes ses ressources à l'achat d'un réfrigérateur plus grand. Elle a donc mis en vente l'ancien réfrigérateur et, avec cet argent, a pu acheter le nouveau, en utilisant très peu de l'argent qui lui était alloué. Elle a été créative, économe et elle a parfaitement rempli sa mission. J'utilise souvent son exemple pour illustrer la subsidiarité en action.

Compte tenu des différents styles de gestion des finances, nous nous sommes retrouvés à la fin de l'année avec une bonne partie de l'argent alloué qui n'avait pas été dépensé. Pour une entreprise, cela peut être un problème car l'argent alloué est censé être consacré à la recherche d'opportunités. Une sous-utilisation peut être le signe d'opportunités manquées. N'oubliez pas, comme nous l'avons dit précédemment, que le fait de tout dépenser ne garantit pas que nous consacrions nos ressources aux bonnes opportunités.

En examinant l'année écoulée, nous avons jugé que nos dépenses étaient appropriées et que nous devions simplement saisir les occasions d'en faire plus. L'année suivante, Petra et moi avons donc alloué 10 % de plus d'argent que nous n'en avions, sachant que tout ne serait pas dépensé. Cela nous a permis de donner un peu plus à chacun, afin qu'il puisse saisir davantage d'opportunités lorsqu'elles se présentaient. C'est un risque calculé qui fonctionne très bien.

Passer à autre chose que les feuilles de calcul

Si l'outil budgétaire du tableur a d'abord bien fonctionné pour le directeur financier et d'autres personnes, à un certain moment, nous avons réalisé la nécessité de mettre en place un système adéquat. Travailler avec une feuille de calcul, c'est courir à la catastrophe. Il peut être perturbé ou corrompu. Nous devions baser notre système sur quelque chose de plus résistant.

Petra et moi voulions une solution prête à l'emploi, si possible basée sur le cloud. Nous avons examiné des progiciels de comptabilité, des outils de gestion intégrée, des systèmes experts et des outils de budgétisation. Nous voulions un système qui permette à chaque personne de l'entreprise de gérer ses propres ressources. Il devait également être relié à notre système comptable, afin que chaque personne puisse voir ce qu'il y a à dépenser et ce qui a déjà été dépensé. Nous avons été déçus de ne pas trouver ce que nous voulions.

Nous avons donc envisagé la meilleure option suivante, dont nous savions qu'elle pourrait être mauvaise. Nous avons cherché à développer notre propre système. Pourquoi est-ce une mauvaise option? Parce qu'en développant notre propre système, nous devons nous assurer que les fonctionnalités importantes sont présentes en même temps que les fonctionnalités nécessaires. Par exemple, une fonction importante consiste à donner de la flexibilité à nos employés, tandis qu'une fonction nécessaire consiste à gérer les utilisateurs autorisés. Il s'agit donc d'un projet de grande envergure. Développer un système interne n'est pas non plus une bonne idée, car la maintenance du système reste entre nos mains. Avec un produit prêt à l'emploi, les développeurs mettront à jour les fonctionnalités et développeront des fonctions de leur propre initiative. S'il y a un bogue, ils le résoudront sans même que nous nous en rendions compte. Le fait de devoir développer notre propre solution était donc gênant.

Nous n'avions pas non plus le temps ni les ressources nécessaires pour un grand projet informatique. Heureusement, nous connaissions un jeune informaticien plein de potentiel et de talents, qui était prêt à faire un stage avec nous pendant trois mois. Nous savions que nous risquions de nous attirer des ennuis, mais c'était un moyen d'aller au-delà des feuilles de calcul et peut-être de parvenir à une solution simple de type "cloud".

Petra et moi avons alors organisé une réunion hors site afin de pouvoir consacrer un temps concentré à la préparation de l'informaticien qui arriverait dans quelques jours. Nous devions définir ce dont nous avions besoin. Quelque chose qui nous permettrait d'aligner le pouvoir d'achat et les responsabilités de la manière la plus simple possible. Le stage ne durait que trois mois et nous savions que nous devrions ensuite assurer nous-mêmes la maintenance du produit.

Nous voulions que le système soit accessible à tous, afin que chacun puisse prendre le plafond qui lui est alloué et le consacrer à des activités et des projets planifiés. Chaque activité aurait un code unique à utiliser pour les achats.

Nous voulions que les chefs d'équipe puissent voir toutes les activités créées par les personnes dans leur domaine.

Les gestionnaires n'auraient pas besoin de valider ou d'autoriser les activités ou les dépenses (bien sûr), mais pourraient voir comment les choses évoluent. C'est la clé de la transparence, élément fondamental de la subsidiarité.

Nous voulions que cette vue consolidée nous englobe tous les deux, le PDG et le directeur financier. D'un simple coup d'œil, nous saurions combien d'argent a été alloué, comment il a été dépensé et où nous en étions dans l'année en cours. Nous voulions également pouvoir tout voir sur une seule page.

Le défi était plus grand que ce à quoi le stagiaire s'attendait, mais heureusement, il a été à la hauteur de la tâche et, au cours de son séjour parmi nous, il a développé de nombreuses nouvelles compétences. En fin de compte, nous avons connu un succès retentissant. Il a compris notre philosophie et a adapté certains aspects de ce que nous avions proposé, tout en conservant toutes les caractéristiques fondamentales nécessaires à la subsidiarité. Il a accepté d'être disponible pour éliminer les éventuels bogues et d'être là pour au moins maintenir les fonctionnalités actuelles en l'état.

Le stagiaire a fini par lancer une entreprise pour développer un outil de budgétisation, appelé Beyond, construit autour de cette idée d'engagement des employés qu'il avait développée pour nous. Comme promis, il a assuré la maintenance de notre produit, mais au fur et à mesure que sa propre solution évoluait, nous avons été plus qu'heureux de passer à son programme prêt à l'emploi, basé sur le cloud, qui possédait toutes les fonctionnalités dont nous avions besoin et bien d'autres encore.

Mise en pratique: mise en place d'un système financier pour soutenir la subsidiarité

La société d'Ian a démarré avec une simple feuille de calcul où chaque employé ayant des ressources allouées pouvait organiser ses achats en fonction de ses activités ou de ses projets. Ce système était accessible aux employés individuels ainsi qu'aux responsables.

Cette méthode permet également à la direction de prendre des risques calculés sur la base des pratiques de dépenses de ses employés. Par exemple, Ian vient d'expliquer pourquoi c'est un pari assez sûr pour son entreprise d'allouer 10 % de plus d'argent qu'elle n'en a, en se basant sur le montant d'argent qui reste d'une année à l'autre. Il s'agit d'analyser les pratiques de dépenses afin d'être éclairé sur les opportunités possibles à l'avenir.

Il en va de même dans votre organisation:

- *Se procurer un outil de budgétisation pour vous assurer:*

    a. la transparence dans l'utilisation des ressources financières
    b. que les salariés puissent vivre avec l'aide de leur budget tout au long de l'année
    c. que la direction dispose en permanence de données financières actualisées

- *Encourager l'économie en reportant le reliquat d'une année sur l'autre au cas où les personnes ne dépenseraient pas tout ce qui leur a été alloué.*
- *Analyser les données de ce système pour prendre des risques calculés dans l'allocation des fonds pour les années à venir.*

L'établissement des budgets dans un cadre de subsidiarité

Maintenant que nous disposions d'un outil pleinement fonctionnel, Petra devait trouver un moyen d'allouer correctement les ressources, tout en évitant les pièges budgétaires que j'ai mentionnés plus haut dans le chapitre. Voici la solution que nous avons adoptée.

Petra et moi nous réunissons en octobre, estimons si les ventes vont augmenter ou diminuer au cours de l'année suivante et décidons si nous allons essayer de maintenir le même niveau de rentabilité. Nous prenons en compte les dépenses structurelles fixes, qui relèvent de la responsabilité de Petra. Nos économies de l'année en cours et les économies estimées pour l'année à venir sont intégrées dans ce total. Le montant ainsi obtenu est réparti et alloué spécifiquement à chaque département. C'est en fait assez simple. Aussi étonnant que cela puisse paraître, l'exercice de préparation des budgets ne prend pas plus d'une demi-journée.

Lorsque les chefs de service reçoivent la part qui leur est attribuée, ils répartissent ensuite les sommes entre les personnes de leur secteur. Là encore, chaque manager a son propre style. Le plus souvent, il attribue suffisamment à tout le monde et garde une part pour le cas où. Certains allouent le plus possible et gardent très peu pour eux. D'autres considèrent que les grandes décisions sont entre leurs mains et allouent donc des montants moindres aux autres.

Dans mon cas, j'ai l'intention d'en utiliser moins que je n'en ai. Si, au cours de l'année, je vois un de mes managers en difficulté, j'aurai les ressources nécessaires pour l'aider. J'aime particulièrement avoir quelque chose de côté afin d'avoir la liberté de répondre à une opportunité imprévue qui pourrait se présenter.

Pour nous, le processus budgétaire ne se termine pas en octobre. Plusieurs fois au cours de l'année, Petra et moi révisons nos estimations. Si les ventes sont meilleures, cela signifie que plus d'argent peut être réparti entre les différents départements.

Notre équipe de direction s'est demandé s'il ne valait pas mieux qu'ils demandent ce qu'ils voulaient, plutôt que de recevoir soit plus que ce qu'ils avaient imaginé, soit moins que ce dont ils estimaient avoir besoin.

Nous avons répondu par l'analogie d'un salaire. Lorsque quelqu'un travaille, il reçoit un salaire. Il se peut que ce salaire ne soit pas suffisant pour ce qu'il aimerait faire, ou qu'il permette de mettre de l'argent de côté pour un grand projet. Dans tous les cas, c'est le salaire lui-même qui permet à une personne de calibrer ce qu'elle fait. Cela correspond à notre idée de donner de l'argent directement aux départements et aux personnes. Ils ont une mission et un montant disponible pour la mener à bien. Le montant alloué leur permet de remplir leur mission, ce qui relève de leur responsabilité. Bien sûr, Petra et moi pouvons parfois nous tromper dans nos calculs, mais il y a une marge de manœuvre pour des négociations marginales dans ces cas-là. Avec quelques années d'expérience derrière nous, je peux maintenant confirmer que notre façon d'allouer les ressources est une manière rapide et satisfaisante de préparer les budgets.

Nous disposons également d'un plan B en cas de crise ou de baisse des ventes plus importante que prévu. Nous avons besoin d'un moyen rapide et efficace pour prendre les bonnes décisions afin de réduire les dépenses. Pour cela, nous comptons sur nos employés qui savent mieux que quiconque où des économies peuvent être réalisées.

J'avais déjà travaillé dans une entreprise qui traversait une période de turbulences. Le PDG a réagi en suspendant tous les voyages. Le budget consacré aux voyages étant assez important, il espérait, en arrêtant ce poste de dépenses, résister à la tempête. Malheureusement, il a mal choisi. Même si certains voyages n'étaient pas indispensables, d'autres étaient en effet nécessaires pour assurer les ventes, de sorte que l'entreprise a subi une forte baisse de ses ventes. La décision centralisée semblait facile à prendre, mais elle s'est avérée néfaste pour l'entreprise.

En matière de subsidiarité, nous sommes convaincus qu'en cas d'économies, les personnes les plus proches de l'activité sauront ce qu'il faut faire. Ils peuvent supprimer une de leurs activités ou négocier avec un prestataire. S'ils comprennent le défi, ils sauront le relever.

__Mise en pratique: allouer les fonds conformément à la subsidiarité__

Il faut analyser les possibilités, faire des calculs pour l'année à venir et se tenir au courant de la situation tout au long de l'année. Une partie de l'effort consiste à s'appuyer sur vos employés pour saisir les opportunités ou déterminer des réductions spécifiques si les finances l'exigent.

Il en va de même dans votre organisation:

- *Mettre fin aux "saisons budgétaires" en allouant des fonds à la place.*

- *Examiner votre situation financière au cours de l'année pour déterminer si des ajustements sont nécessaires.*
- *Informer vos employés lorsque des fonds supplémentaires sont disponibles ou que des réductions doivent être effectuées, mais laissez-leur le soin de régler les détails.*

Conclusion

Au cours de mes nombreuses années d'expérience personnelle, j'ai pu constater à maintes reprises les lacunes des systèmes de gestion standard. Trop souvent, de bonnes ressources se perdent inutilement au détriment de l'entreprise. Il y a un manque de résilience au lieu de la croissance et de la capacité à s'adapter aux fluctuations du marché. Lorsque je suis devenu PDG, j'étais convaincu qu'il existait une manière plus productive de diriger l'entreprise, et je l'ai trouvée dans la subsidiarité.

Lorsque les missions de vos employés s'alignent sur le pouvoir correspondant qui leur permet de prendre les décisions nécessaires, c'est une mine de créativité, d'énergie positive et de loyauté qui se libère dans l'ensemble de votre entreprise. C'est une situation gagnant-gagnant: d'une part, les employés sont plus libres, plus engagés, plus productifs et plus heureux dans leur travail et, d'autre part, l'entreprise dans son ensemble prospère.

Chapitre 3

Le PDG dans la subsidiarité

Maintenant que j'ai dépassé l'âge de 50 ans, je suis frappée par le nombre de fois où mes amis me demandent où est passé le temps, alors que j'ai toujours l'impression que le temps passe lentement. Une partie de mon travail consiste à essayer de m'ennuyer.

Oui, de m'ennuyer.

J'ai déjà expliqué comment une organisation fondée sur la subsidiarité répartit les responsabilités, ne laissant que très peu de poids sur mes épaules. En tant que PDG, je pose ce qui peut sembler être une question curieuse à propos de tout travail que j'envisage d'entreprendre: "Si c'est important pour notre entreprise, pourquoi le fais-je?" Quelques questions préalables permettent de comprendre mon approche: "L'organisation ne devrait-elle pas être en mesure de s'en occuper?" Si la réponse est oui, alors je dois trouver un moyen pour que quelqu'un de compétent, d'enthousiaste et de volontaire relève ce défi nécessaire. Sinon, si ce que je fais n'est pas si nécessaire que cela, pourquoi diable est-ce que je je fais?

En outre, si ce que je fais doit porter ses fruits, cela implique souvent un travail de longue haleine. Si je réponds par l'affirmative à l'une de ces questions, je dois confier ce défi à quelqu'un d'autre dans l'entreprise.

Lorsque je suis trop occupé, c'est pour moi le signe que quelque chose ne va pas. Une pathologie typique des PDG est d'être hyper-occupé alors que tous les autres se tournent les pouces. J'ai travaillé dans une entreprise de ce type. Le PDG et son équipe de direction rapprochée étaient débordés. Ils couraient d'une tâche à l'autre, signaient des autorisations, parlaient de stratégie, s'inquiétaient du passé, du présent et de l'avenir ; pendant ce temps, le reste des employés sous-employés et "faisant semblant d'être occupés" se demandaient ce qu'ils devaient faire. Il m'arrivait d'attendre des heures pour pouvoir parler avec le PDG d'une question urgente qui nécessitait sa contribution et son autorisation. En fait, je passais mes journées à attendre.

Je ne suis libre que lorsque tous les autres sont occupés. Ma première tâche est de m'assurer que tout est fait et que tous les autres font partie de la solution. C'est pourquoi un début d'ennui est pour moi le signe que quelque chose va bien. Le fait d'avoir du temps à disposition me permet de faire d'autres choses.

Je suis maintenant prêt à expliquer ce que je fais.

Mise en pratique: acceptez le fait que le temps libre va de pair avec votre travail !

La description d'Ian révèle une attitude sous-jacente importante. Il a la présence d'esprit et le courage de se permettre d'avoir du temps libre tout en veillant à ce que

Chapitre 3: Le PDG dans la subsidiarité

les autres soient occupés. Il sait sans aucun doute que son point de vue va à l'encontre de l'idée que l'on se fait de la réussite, mais ses raisons sont valables.

Il en va de même dans votre organisation:

- *Prenez le temps d'examiner si vous êtes convaincu par le point de vue d'Ian et, si c'est le cas, prenez la décision d'agir de la même manière.*
- *Si vous décidez d'adopter une approche similaire, évaluez votre charge de travail à la lumière des responsabilités propres à votre fonction en utilisant les questions d'Ian pour déterminer celles que vous devez conserver:*

    1. *Auriez-vous besoin de le faire à long terme?*
    2. *Pendant que vous le faites, seriez-vous indisponible pour le reste de l'entreprise?*
    3. *Cela vous prendrait-il beaucoup de temps?*

Si vous répondez oui à l'une de ces questions, discernez alors comment quelqu'un d'autre pourrait accepter cette responsabilité dans le cadre de sa mission. (Note: J'avais initialement utilisé le mot "déléguer" dans cette phrase, mais Ian m'a expliqué que déléguer ne correspondait pas à leur concept de mission. Au contraire, les gens acceptent de nouvelles responsabilités dans le cadre de leur mission. Ils disposent ainsi de l'autorité et du pouvoir nécessaires pour remplir correctement ce qui leur est demandé).

Ce qui m'incombe en tant que directeur général

D'une part, les outils de gestion fondamentaux relèvent de mon domaine. Il appartient au PDG de décider si l'entreprise est une machine autocratique, centralisée et efficace ou une machine flexible, intelligente, créative et efficace. Ou quelque chose entre les deux.

Comme vous le savez, la subsidiarité et le bien commun ont été deux de mes choix. Je suis chargé de les faire respecter et de veiller à ce qu'ils fonctionnent pleinement.

Je dois également veiller à ce que les valeurs et les principes de gestion restent vivants. Ma mission est de m'assurer que j'ai la bonne organisation en place pour que la mission de l'entreprise puisse être remplie ; mais tout comme les chefs d'équipe au sein de l'entreprise, je dois m'assurer que toutes mes responsabilités sont correctement réparties. Tout ce qui doit être fait doit être couvert par quelqu'un au sein de mon équipe, et donc l'organisation de mon équipe est fondamentalement ma mission. Il s'agit d'un processus continu : des ajustements ou des changements peuvent intervenir à tout moment, ou des changements de circonstances peuvent nécessiter des modifications plus profondes.

L'organigramme est un outil important pour nous. Il nous permet de savoir qui fait quoi et comment les équipes sont organisées aujourd'hui. Comme vous le verrez, il reflète notre organisation en subsidiarité, où les personnes qui ont le plus de responsabilités et de pouvoir sont celles qui sont le plus étroitement liées aux défis réels.

Les chefs d'équipe sont là pour apporter le soutien nécessaire, et on peut compter sur eux si les membres de l'équipe doivent déléguer à leur responsable une situation qui ne peut être gérée dans le cadre de leurs responsabilités et de leur pouvoir. Je dois, tout comme les membres de mon équipe, comprendre les défis de chaque membre de l'équipe qui nous a été confiée, afin de pouvoir vraiment leur rendre service.

Notre organigramme a la forme d'un arbre. Chaque membre de l'équipe est comme une feuille, tandis que chaque chef d'équipe est comme une brindille, qui soutient ces feuilles. Les managers qui ont des chefs d'équipe sont comme des branches qui soutiennent leur équipe. Je suis tout en bas de l'organigramme, comme le tronc d'un arbre, là pour soutenir toutes les branches.

Lorsque nous présentons cet organigramme à de nouveaux employés, nous expliquons que dans un arbre, ceux qui font vraiment le travail sont les feuilles. Elles absorbent l'énergie du soleil et l'utilisent pour extraire le CO_2 de l'atmosphère, se débarrasser de l'oxygène et utiliser les éléments constitutifs du carbone pour fabriquer tout ce qui est nécessaire à l'arbre. Pour accomplir leur travail, les feuilles doivent être étalées pour maximiser leur exposition à la lumière, et les brindilles et les branches sont là pour leur donner la plus grande portée et le plus grand soutien possible. Les branches aideront à répartir le travail des feuilles dans tout l'arbre et compteront sur le soutien du tronc. Cette image d'un arbre nous rappelle les valeurs et l'organisation de notre entreprise, qui, nous l'espérons, sera appréciée de tous.

J'aime tenir l'organigramme à jour. Je veille à obtenir une photo des nouveaux employés et à mettre à jour l'organigramme. Cela me permet de savoir qui fait partie de notre entreprise et qui participe à la réalisation de notre mission.

Une autre de mes responsabilités est de veiller à ce que chaque membre de l'entreprise ait la possibilité de se développer. Avoir la même responsabilité et la même mission pendant trop longtemps peut être stagnant. Après quelques années d'expérience, les gens ont un regard différent et beaucoup plus de talent. Certains sont impatients de relever de nouveaux défis. Dans une petite entreprise, cela peut être difficile, car il y a seulement quelques façons de réorganiser une équipe. J'essaie de m'assurer que nous créons de nouvelles opportunités de travail pour les employés existants, car nous voulons garder les meilleurs talents au sein de l'entreprise et permettre à celle-ci de se développer, en tenant compte des expériences uniques de chacun.

Je veille à ce que tous nos employés soient employables, de sorte que, si quelqu'un souhaite quitter l'entreprise, il puisse bénéficier d'opportunités attrayantes. Si nous développons des employés avec des compétences trop spécifiques et des façons de faire idiosyncrasiques, ils resteront dans l'entreprise non pas parce qu'ils ont choisi de rester, non pas parce qu'ils apprécient le défi, mais parce que c'est le seul travail qu'ils savent faire. Certains de nos employés travaillent avec nous depuis plus de 20 ans. À mon avis, ils ne devraient pas être encore là simplement parce qu'ils n'ont nulle part où aller. Ils devraient rester par choix, avec la volonté de se battre pour leur mission.

Nous encourageons les gens à développer tous leurs talents. Il s'agit de leur combinaison unique de talents qui les distingue des autres. Par exemple, nous donnons accès à tout type de formation que quelqu'un juge nécessaire, comme des cours de langue, pendant les heures de bureau à tous les membres de l'entreprise qui souhaitent les suivre. Les employés n'ont pas toujours besoin de ces langues pour leur poste actuel, mais nous savons que cela pourrait leur donner des opportunités pour demain. Peut-être ces cours seront-ils bénéfiques pour notre entreprise, nos employés gagnant en confiance, pensant différemment et explorant de nouveaux horizons, ou peut-être s'agira-t-il simplement d'un coup de pouce personnel. Ce qui m'intéresse, ce n'est pas que des prisonniers travaillent pour notre organisation, mais plutôt que des partenaires compétents et volontaires restent avec nous parce que c'est ici qu'ils peuvent le mieux exprimer leurs talents, leur personnalité unique et leur expérience, et s'épanouir en tant qu'êtres humains dans le processus.

Mise en pratique: diffusez un état d'esprit de croissance personnelle au sein de votre organisation

Ian apprécie la valeur des employés qui choisissent librement de travailler pour son organisation. Il les encourage donc à développer leurs talents et leurs dons personnels et à rester ainsi "employables". Notez également l'intérêt personnel qu'il porte à ses nouveaux employés en apprenant leur nom. Il ne fait aucun doute que tout cela contribue à créer un environnement de travail accueillant, où les employés ont l'impression d'être traités avec le respect dû aux personnes.

Il en va de même dans votre organisation:

- *concevoir et expliquer un organigramme où vous figurez en bas, avec le nom et la photo de chaque personne.*
- *apprendre les noms de vos employés.*
- *encourager les gens à développer tous leurs talents.*
- *s'efforcer de créer de nouvelles opportunités de travail pour les employés actuels.*

Faire en sorte que les choses se passent bien

Je suis responsable de tous ces aspects de l'organisation, mais ils ne me prennent pas beaucoup de temps. Même la mise à jour de l'organigramme est amusante et rapide. Que dois-je faire d'autre?

Dans notre groupe, nous avons de nombreuses façons différentes de faire les choses. Certains aiment parler et réfléchir, planifier et élaborer des projets, mais peinent parfois à les mettre en œuvre. D'autres se lancent dans l'action, mais n'ont pas besoin de planifier. Mon défi permanent est de faire en sorte que les choses se passent. Les idées peuvent abonder, mais celles qui ont de la valeur sont celles qui se concrétisent. Ce qui m'intéresse le plus, c'est de faire passer les nouvelles idées de la phase d'ébauche à celle de la mise en œuvre. Trouver la bonne personne au sein de l'entreprise ou décider de créer un nouveau poste est une étape importante pour faire avancer les choses. Essayer de concrétiser une idée par moi-même, en l'accomplissant, c'est aller droit à l'échec. Non seulement je suis incompétent dans de nombreux cas, mais si je consacre trop de temps à une seule idée, je ne serai pas disponible pour ma mission globale.

Lorsqu'une idée surgit, même au sein d'une équipe, je dois m'assurer que nous ne restons pas inactifs. Il est essentiel de faire, et de bien faire.

De temps en temps, j'ai besoin de bousculer le statu quo, de remettre en question les façons de faire.

La technologie est un moyen intéressant de maintenir les gens en éveil. Si nous faisons toujours les choses de la même manière, nous cesserons d'y penser et les possibilités d'amélioration seront perdues.

Par exemple, je suggère fortement l'utilisation d'outils dans le nuage. Les serveurs internes sont un point de fragilité pour les entreprises. Bien que ces outils relèvent de la responsabilité de chacun, je donne une orientation à la culture technologique de notre entreprise.

J'ai mis mon équipe au défi d'arrêter d'utiliser Microsoft Word et d'utiliser à la place un traitement de texte entièrement basé sur le nuage (cloud). La plupart des personnes étaient réticentes, car Word est une référence de base dans le monde des affaires. Néanmoins, notre responsable des procédures de qualité a relevé le défi. Ils avaient des centaines de procédures régulièrement mises à jour à partir du format Word. Il a engagé un stagiaire pendant quelques mois pour modifier tous les documents Word dans le nouveau format "cloud". Quelques mois plus tard, lorsque le coronavirus a frappé le monde entier, il n'a pas caché sa satisfaction de disposer d'un système documentaire entièrement basé sur le cloud. Nos employés ont pu travailler depuis leur domicile, car ils avaient accès à tous les documents dont ils avaient besoin.

Nous utilisons également une combinaison d'outils de communication. Courriels, messages directs, appels vidéo, etc. J'ai examiné Slack, un outil de communication. Je ne le comprenais pas vraiment, mais j'avais l'intuition qu'il pourrait être utile. Un jeudi, j'ai envoyé un courriel à tous les membres de l'entreprise pour les informer qu'à partir de la semaine suivante, nous n'utiliserions plus le courrier électronique ni Skype pour la communication interne. Certains ont paniqué, d'autres se sont amusés, d'autres encore ont ironisé sur le fait que cette façon d'imposer un nouvel outil allait à l'encontre de la subsidiarité. Ils n'avaient pas tort.

Néanmoins, j'ai décidé de l'imposer, car ma responsabilité est de veiller à ce que nous ne vieillissions pas avec nos outils. Parfois, un coup de pouce amical est nécessaire. Au cours des mois suivants, les gens ont découvert la puissance de ce nouvel outil et l'ont adapté à leurs besoins, dans le cadre de leur responsabilité et de leur pouvoir. Aujourd'hui, ils ne reviendraient pas en arrière. Une fois de plus, au milieu du coronavirus, la mise en œuvre complète de cet outil nous a permis d'être parfaitement équipés pour le travail à domicile. Cela a donné de la résilience à notre entreprise.

Mise en pratique: appliquer l'état d'esprit de croissance à l'ensemble de l'organisation !

Il est amusant de constater que les innovations quelque peu déconcertantes d'Ian sont conformes à la subsidiarité ! Ses deux exemples, le serveur entièrement basé sur le cloud et l'outil de communication Slack, ont apporté des améliorations à l'ensemble de l'organisation, ce qui relève de sa sphère de responsabilité.

Il en va de même dans votre organisation :

- Etre à l'affût pour faire bouger les choses !
- Encourager un environnement dans lequel les nouvelles idées sont accueillies favorablement et menées à bien.
- Pour votre part, bien réfléchir aux outils qui permettraient d'améliorer votre organisation dans son ensemble et les mettre en œuvre. L'amélioration de la technologie est un bon point de départ.
- Bousculer le statu quo pour favoriser la croissance et l'amélioration.

Réaménagement de l'espace de travail

La façon dont nous travaillons est une autre de mes responsabilités. Il y a trois ans, nous avions besoin de nouveaux bureaux parce que nous nous agrandissions. J'ai pensé qu'un espace ouvert nous aiderait à mieux vivre nos valeurs de transparence et de confiance. De nombreuses personnes étaient réticentes à l'idée de passer d'un bureau fermé à un espace ouvert, mais c'était mon choix.

Lorsque nous avons finalement déménagé, nous avons veillé à ce que chaque équipe puisse organiser ses tables à l'intérieur de l'espace ouvert, de manière à s'adapter à ses propres défis. L'espace ouvert représentait une feuille blanche où chaque équipe pouvait exprimer ses besoins. Cela permet aux équipes de changer la façon dont elles se réunissent et interagissent.

Au cours de ces trois dernières années, les tables ont bougé, les départements se sont étendus, l'espace ouvert étant la toile sur laquelle nous dessinons notre organisation. Cette contrainte est désormais totalement intégrée. Pendant la période de confinement du coronavirus, où les gens ont dû travailler à domicile, de nombreux employés ont regretté la perte de l'interaction sociale à laquelle nous sommes maintenant habitués au travail.

Comme vous le voyez, un aspect de mon travail consiste à être un perturbateur et à proposer des contraintes qui permettent à la créativité de se développer.

Une autre responsabilité consiste à essayer de prendre le pouls de l'entreprise. Faisons-nous ce que nous pourrions faire? Sommes-nous efficaces et examinons-nous intelligemment les opportunités ou les défis? Les gens sont-ils trop stressés? Y a-t-il des politiques malsaines au sein de l'entreprise? Les gens se sentent-ils vraiment en sécurité et libres dans le cadre de leur mission? Le simple fait d'être présent, de parler du temps qu'il fait ou de l'actualité m'aide à capter les vibrations.

En fin de compte, toutes ces responsabilités ne représentent pas une grande activité, et c'est très bien ainsi. Je consacre une grande partie de mon temps à être disponible pour mon équipe.

Dans notre organisation, les décisions sont prises sans moi. Des choses se passent et des risques sont pris sans ma participation. Parfois, je me demande si je pourrais partir en vacances pendant des mois et si l'entreprise continuerait à fonctionner. Cependant, depuis que nous avons commencé à travailler en subsidiarité, les gens ont ressenti le besoin d'un retour d'information, d'autant plus qu'ils peuvent passer des semaines sans voir de résultats. Ils ont besoin de savoir si ce qu'ils font est cohérent avec notre mission globale. Ils ont besoin de savoir qu'il y a un capitaine dans le bateau, et que c'est mon travail.

Mise en pratique: rester à l'écoute de l'entreprise

Dans cette section, Ian nous a fait part de l'attention qu'il porte à ce qui se passe dans son entreprise. Peut-être ne ressentirez-vous pas le besoin de réaménager l'espace de travail comme Ian l'a fait, mais il s'agit d'être à l'affût des opportunités, d'être ouvert à de nouvelles façons de faire les choses. À travers sa liste de questions, nous pouvons déceler la valeur de sa présence physique auprès de ses employés. Il capte beaucoup de choses, d'abord parce qu'il est là, au milieu de ses employés, et ensuite parce qu'il se fait un devoir d'observer ce qui se passe autour de lui. Ian est capable de faire cela parce qu'il n'a pas rempli son emploi du temps de responsabilités qui absorbent son temps, son attention et son énergie.

Il en va de même dans votre organisation:

- *Garder l'œil ouvert sur ce qui se passe. Les questions posées par Ian peuvent vous aider à mieux savoir ce que vous recherchez:*

    - *Faisons-nous ce que nous pourrions faire?*
    - *Sommes-nous efficaces et examinons-nous intelligemment les opportunités ou les défis?*
    - *Les gens sont-ils trop stressés?*
    - *Y a-t-il des politiques malsaines au sein de l'entreprise?*
    - *Les gens se sentent-ils vraiment en sécurité et libres dans le cadre de leur mission?*

- *Prendre régulièrement votre température:*

    - *Avez-vous la paix intérieure et l'espace nécessaire pour être capable de remarquer ce qui se passe autour de vous?*
    - *Votre liste de choses à faire est-elle si exigeante qu'elle absorbe l'essentiel de votre énergie et de votre attention? Si oui,*

> *que pouvez-vous retirer de cette liste pour vous libérer?*

- *Il peut être utile de consacrer des moments spécifiques de la journée à l'examen de ce que vous avez observé et à la question de savoir s'il y a quelque chose à faire à ce sujet.*

Consacrer du temps aux réunions avec les membres de l'équipe

Toutes les quatre à six semaines, j'organise un entretien individuel avec chacun des membres de mon équipe. Qu'il dure d'une à huit heures, je suis là pour mes collaborateurs. Nous explorons leurs défis actuels, la situation de leur mission, les contraintes de leur équipe et tout ce dont ils souhaitent parler.

C'est ainsi que je découvre ce qui est fait, les processus de réflexion qui sous-tendent les décisions, les défis qui se posent et la compréhension qu'ont les employés de leur mission.

Chaque membre de mon équipe aborde cette réunion différemment. Certains se concentrent sur ce qu'ils font, d'autres sur leurs défis, d'autres encore sur leurs équipes. Pendant ce temps, je suis un tronc d'arbre qui apporte son soutien. Je suis une caisse de résonance pour les nouvelles idées, les doutes et l'ambition. J'ai également besoin de défier, d'amadouer et d'encourager.

À la fin de nos réunions, chacun doit se sentir encouragé à poursuivre sa mission, sachant qu'il a mon soutien en tant que directeur général, que ses actions participent à notre mission globale et qu'il peut vraiment exprimer tous ses talents.

Quelques exemples de rencontres individuelles

J'ai choisi les exemples suivants pour illustrer la variété, la richesse et l'ampleur de nos rencontres individuelles, et leur adaptation à la personnalité, aux compétences, à l'expertise et surtout à la mission de chacun.

Ma plus longue rencontre restera celle avec Fiona, devenue responsable du développement du marché, qui dispose de l'un des plus grands groupes de l'entreprise. Elle a organisé son groupe en différentes équipes en fonction des pays et des projets. Ces équipes sont confrontées à des défis différents selon les pays.

Lors de nos réunions, Fiona m'informe de ce qui se fait, puis nous explorons ensemble les options qui ont été prises. Nous sommes dans un secteur où les autres acteurs sont d'énormes multinationales qui façonnent le discours sur la santé. Fiona doit donc relever le défi d'être l'outsider et de gérer une puissante équipe multiculturelle. Elle réfléchit beaucoup. Elle demande constamment aux membres de son équipe pourquoi ils prennent certaines décisions. Elle a besoin de bien planifier pour s'assurer que les choses sont faites de manière intelligente. Comme nous tous, elle travaille avec les avantages et les défis de la subsidiarité.

Fiona me fera part de ses réflexions sur les chefs d'équipe. Tout en reconnaissant leurs difficultés, elle essaie de les aider à avoir une vue d'ensemble et à avoir confiance en eux. Nous avons souvent de longues discussions sur la subsidiarité, en particulier lorsque Fiona pense que les choses devraient être faites différemment. Fiona doit souvent essayer de convaincre ses collaborateurs d'être moins ambitieux, mais plus minutieux dans ce qu'ils prévoient de faire. Elle les aide à réfléchir aux idées, à comprendre et à améliorer l'efficacité de ce qu'ils font.

Les réunions se déroulent différemment pour Petra, notre responsable des finances. Au départ, elle était même réticente à l'idée d'avoir ces réunions formelles en tête-à-tête, étant donné qu'elle cherche souvent à obtenir un retour d'information immédiat de ma part. Néanmoins, au fil du temps, elle a demandé à avoir au moins une réunion de ce type tous les deux mois. J'étais ravi, car je ne veux imposer à personne des réunions non souhaitées. Aujourd'hui, nous avons des réunions individuelles régulières.

Petra passe en revue tous les sujets d'actualité pour s'assurer que je suis au courant de ce qui se passe. Elle aime que nous cherchions des solutions aux situations les plus délicates. Petra est consciente que chaque membre de l'équipe a des forces, des faiblesses, des angles morts et des attentes spécifiques. Avoir la bonne personne au bon endroit est un défi permanent, surtout dans un environnement multinational complexe qui alourdit les questions administratives.

Il n'est pas surprenant que mes réunions avec Lucas, notre chef de production, soient extrêmement structurées et efficaces, car il a une mentalité d'ingénieur. Elles durent généralement un peu plus d'une heure. Avant chaque réunion, il m'envoie un rapport complet, y compris la dernière mise à jour des mesures. D'une réunion à l'autre, il peaufine ses données et son tableau de bord. Lucas a même des indicateurs sur la subsidiarité.

La production n'étant pas mon domaine de prédilection, je me contente de l'interpeller sur des questions de gestion et de logique. Si Lucas appliquait déjà la subsidiarité avant qu'elle ne soit mise en œuvre à l'échelle de l'entreprise, il éprouve aujourd'hui la liberté de partager des responsabilités qu'il pensait devoir garder pour lui, et de rencontrer chaque membre de son équipe de production au sujet de leur mission particulière. Lucas profite de nos réunions pour comprendre ce qui se passe dans l'entreprise, afin de mieux appréhender les besoins de la production.

Une fois, Lucas a commencé sa réunion en déclarant: "J'ai échoué dans ma mission". C'était vrai, nous avions souffert d'une rupture de stock sur quelques produits. Il a donc expliqué qu'il avait cherché à comprendre pourquoi cela s'était produit et ce qu'il mettait en place pour éviter que cela ne se reproduise plus. Je lui ai également montré qu'il lui arrivait de se plier en quatre pour aider certains collègues, au détriment de sa propre mission. En l'occurrence, il avait attendu patiemment qu'un autre service intervienne, alors qu'il aurait dû être plus énergique.

Souvent, lorsque je repère des lacunes ou que j'entends dire qu'un de mes managers fait quelque chose de mal, j'attends généralement notre prochain entretien individuel pour en parler. Par exemple, l'un de mes managers mettait trop de pression sur son équipe. Lorsque je me suis assis avec elle, j'ai commencé par lui poser des questions sur son équipe et j'ai réalisé qu'elle n'était pas au courant de la situation. Je lui ai donc dit qu'il se passait peut-être quelque chose et je l'ai encouragée à en tenir compte. À partir de ce moment-là, l'aider à prendre conscience de l'impact de son style sur son équipe a été un défi permanent. Être capable de donner un retour d'information négatif de manière constructive est une partie importante du travail de manager.

Au cours de nos réunions, nous explorons aussi souvent les difficultés que peuvent rencontrer certains membres de l'équipe. J'écoute toujours très attentivement la façon dont le manager parle d'une personne. La frontière est mince entre critiquer et voir les faiblesses. Dans le premier cas, il y a un sentiment de supériorité et une minimisation des capacités de la personne. Dans le second cas, il s'agit d'essayer d'évaluer objectivement comment trouver un moyen pour qu'une personne puisse exprimer tout son potentiel, quel qu'il soit.

Le rythme spécifique des réunions individuelles dépend de chaque personne. Par exemple, pendant un certain temps, j'ai rencontré Peter presque chaque semaine, à l'époque où il dirigeait notre équipe de recherche et développement sur le développement des protéines. Dans le cadre de nos efforts pour développer l'entreprise, nous avions convenu avec lui qu'il explorerait des domaines de diversification dans le monde de la biotechnologie, qu'il connaissait si bien. Nous avons également offert à Peter la possibilité d'obtenir un MBA. Pendant que Peter étudiait et recherchait les possibilités, nous nous rencontrions normalement toutes les six semaines ; mais lorsque Peter finalisait son MBA, il s'est concentré sur une idée de démarrage spécifique, à savoir le diagnostic par l'ADN. Étant donné la nécessité de passer en mode start-up, la fréquence de nos réunions individuelles a augmenté pour se faire toutes les une à deux semaines. Peter avait besoin d'un retour d'information rapide, étant donné les questions urgentes qui surgissaient.

Mise en pratique: consacrer le temps nécessaire aux réunions individuelles avec les membres de votre équipe.

La description que fait Ian du déroulement de ces réunions est très complète. Ian a libéré son temps pour être entièrement disponible aussi longtemps que nécessaire lors de ces rendez-vous réguliers. C'est là qu'il a l'occasion d'influencer ses subordonnés directs de manière adéquate. Nous pouvons imaginer que les membres de l'équipe d'Ian font l'expérience d'une personne sur laquelle ils peuvent compter pour les défier et les encourager dans leur travail, tout en leur laissant l'espace nécessaire pour prendre leurs propres décisions.

Il en va de même dans votre organisation:

- *Faire passer le message que vous serez disponible pour ces réunions individuelles régulières aussi longtemps que les membres de votre équipe en auront besoin.*
- *Laisser chacun des membres de votre équipe décider de l'ordre du jour de ces réunions et accepter ce qu'ils proposent.*
- *Ne pasoublier de faire preuve de patience au cours de la première période d'établissement de la confiance. Au fil du temps, les membres de votre équipe apporteront probablement plus d'éléments à la table, et des éléments plus importants.*

Comprendre le monde et être vigilant

Mes réunions individuelles prennent environ 25 % de mon temps. Je reste donc disponible pour d'autres questions.

Un aspect important de mon travail est d'être à l'affût. Notre monde est en constante évolution, les attentes des patients et des professionnels de la santé changent, la science est considérée comme le nouvel étalon de la vérité et du mensonge, et même les "fake news" (fausses nouvelles) touchent de nombreuses personnes. De toute évidence, le nouvel épisode du coronavirus modifie fondamentalement le monde de la santé.

Chaque année, j'essaie de réfléchir à des sujets que je peux explorer et mettre en œuvre. L'un d'entre eux est la manière de travailler avec la subsidiarité. Un autre était de voir comment le bien commun pouvait aider l'entreprise. Depuis deux ans, j'essaie de comprendre comment les perceptions de la santé et de la médecine peuvent être modifiées, étant donné que nous sommes un challengeur. L'année dernière, mon projet annuel était de partager mon expérience sur la subsidiarité, d'où ce livre.

Je m'efforce de comprendre les tendances et les situations. L'une des façons d'y parvenir est de participer à des événements en dehors de notre travail quotidien normal. Je me mets délibérément dans des situations nouvelles ou différentes où je ne comprends pas ce qui se passe. Par exemple, j'ai participé à plusieurs conférences, ateliers et organisations, comme une conférence sur la blockchain, juste pour trouver de nouvelles idées ; un atelier italien sur la médecine marginale ; et le travail normatif sur la biomimétique pendant quelques années. Cela m'oblige à élargir mon raisonnement et à comprendre un autre aspect du fonctionnement du monde.

Garder une vue d'ensemble

Je cherche à savoir s'il existe des opportunités en dehors de notre environnement habituel. Je suis l'actualité et j'essaie de comprendre ce qui se passe. Malheureusement, les nouvelles sont trop souvent une vision prédigérée et trompeuse du monde.

Les blogs, les podcasts, les vidéos, etc. sont d'autres moyens d'apprendre ce qui se passe dans le monde et de découvrir de nouvelles opportunités. Les personnes figurant sur ma liste de podcasteurs me mettent au défi et m'aident à comprendre le monde en constante évolution dans lequel nous vivons.

J'essaie d'avoir un réseau de personnes afin d'écouter leurs idées et de découvrir de nouvelles perspectives. Ces amis, qui ont des points de vue différents dans de nombreux pays et dans divers secteurs d'activité, sont accessibles par un simple appel ou par l'intermédiaire d'un média social. Ils permettent un riche échange d'idées et m'empêchent de tomber dans une compréhension simple et unidimensionnelle du monde. Le grand contraste permet de saisir les opportunités et les tendances.

Je partage ces réflexions, ces découvertes et ces questions avec mon équipe de direction. Je compte sur leur retour d'information tout en les incitant à rester à l'affût des opportunités. Par exemple, lorsque je voyage et que je visite une usine de production, je reviens et je partage mes réflexions et mes expériences avec notre directeur de production. Il n'est pas censé mettre en œuvre quoi que ce soit de spécifique, mais cette contribution l'aide à poursuivre sa réflexion et à affiner les méthodes qu'il utilise pour remplir sa mission.

Prise en compte des bulles narratives

L'un des plus grands défis pour comprendre le monde est notre bulle narrative personnelle, qui est notre moyen de comprendre le monde. Elle permet à chacun d'entre nous de réaliser d'où il vient grâce à son histoire personnelle et de reconnaître les changements qui l'ont conduit à sa situation actuelle. Inconsciemment, nous créons des filtres pour comprendre l'actualité et être éclairés sur les possibilités qui s'offrent à nous. Certaines peuvent être excitantes et motivantes, mais d'autres peuvent sembler dangereuses et menaçantes.

Ces récits sont omniprésents dans la société. Quel que soit le journal, le magazine ou le média, aucun d'entre eux ne se contente de présenter des faits. Les faits s'inscrivent dans un contexte qui illustre leur propre récit.

Si les médias sont orientés à gauche, il y a une vision d'un monde opprimé où les victimes sont exploitées. Nous apprendrons à connaître les victimes et la façon dont elles sont maltraitées.

Si les médias sont orientés à droite, il y a une attitude qui consiste à obtenir le succès par ses propres efforts. Dans ce cas, on nous racontera des histoires de self-made people et d'autres aspects de l'économie ou de la politique qui illustrent leur vision du monde.

Dans les deux cas, des sujets tels que la mode, le sport ou l'alimentation seront principalement abordés s'ils peuvent illustrer d'une manière ou d'une autre leur vision du monde.

Même dans ce livre, je choisis des exemples en fonction du récit qui me convainc. J'essaie d'expliquer les avantages de la subsidiarité, du bien commun, de la résilience et l'importance d'une stratégie flexible et multiforme.

Percevoir le monde comme des bulles narratives qui se chevauchent est en soi une bulle narrative. Je pourrais expliquer l'histoire des idées, comment les récents changements technologiques et la vitesse de diffusion des idées nous ont amenés à cet état actuel, où chacun dispose d'une tribune pour défendre sa vision du monde. Même si nous recevons une source ouverte et riche d'idées, nous n'avons plus accès à des faits simples, et nous sommes donc susceptibles d'être balayés par la prochaine idéologie dominante.

Il y a quelques années, j'ai participé à un rassemblement pacifique de quelques centaines de milliers de jeunes. C'était sympathique et amical, avec des gens venus du monde entier, principalement des scouts.

Une équipe de journalistes s'est approchée de nous et nous a expliqué qu'elle avait été envoyée par son rédacteur en chef pour trouver des exemples de violence et de bagarre. Ils ont cherché pendant des heures, en vain. Ils nous ont donc demandé si nous connaissions un endroit où il se passait quelque chose d'anormal. Ils avaient une histoire, un récit à illustrer, et ils essayaient désespérément de trouver des faits qui pourraient correspondre à leur point de vue.

Les bulles narratives ne sont pas une représentation erronée du monde, mais plutôt la réalité dans laquelle chacun d'entre nous vit. Comprendre ce contexte nous permet de trouver des opportunités au sein de la narration, ainsi que des opportunités au-delà. Je suis conscient des bulles narratives lorsque je lis les nouvelles, et j'essaie donc de séparer les faits de l'histoire racontée. Souvent, je cherche à savoir si ce qui est rapporté est une tendance réelle ou quelque chose qui est délibérément fomenté.

Je consacre une grande partie de mon temps libre à essayer de comprendre le monde et la manière dont chacun d'entre nous le comprend. Je m'intéresse aux tendances dans lesquelles mon entreprise pourrait être utile. Par exemple, de nouveaux récits se développent sur le choix du patient. Les patients doivent-ils participer au choix de leur état de santé? Ils choisissent d'être végétaliens. Dans le même ordre d'idées, pourraient-ils choisir les médicaments qu'ils souhaitent?

Mise en pratique: rester à l'écoute en dehors de l'entreprise

Ian ne se contente pas d'observer attentivement ce qui se passe au sein de son organisation, il est également attentif à ce qui se passe dans le monde. Grâce à cette pratique, de nouvelles perspectives et opportunités s'offrent à son entre-

prise. Il faut noter que son travail est double: d'abord, il consacre du temps et de l'attention à repérer les tendances, puis il s'efforce de voir comment elles pourraient constituer des opportunités pour son entreprise. Et il ne travaille pas seul. Ian parle de ses observations et de ses idées avec les membres de son équipe.

Il en va de même dans votre organisation:

- *Se demander si vous utilisez des moyens suffisants pour vous tenir informé de ce qui se passe "à l'extérieur". Vouloir enrichir vos données en utilisant des sources et des points de vue divers.*
- *Identifier votre propre bulle narrative et essayez de la dépasser.*
- *Appliquer votre esprit critique pour détecter les récits des sources d'information et faire vos devoirs pour aller au fond des tendances apparentes. Sont-elles réelles ou créées?*
- *Consacrer du temps à réfléchir à la manière dont vous pouvez au mieux glaner des idées et des opportunités pour votre travail à la lumière des événements mondiaux.*
- *Partager vos observations et vos idées avec les membres de votre équipe.*

Le jeu de Go

Lorsque j'étais plus jeune, j'aimais jouer à des jeux. C'est un moyen de mettre en pratique des compétences, de la pensée et de la réflexion, et de voir des résultats sur une courte période. J'ai joué de nombreuses heures au jeu vidéo "Age of Empires". Le joueur commence avec une civilisation simple et peu de ressources et doit développer sa civilisation pour dominer le monde. En une heure ou deux, une stratégie peut être déployée et le joueur met en œuvre une tactique pour rassembler la bonne combinaison de ressources et le bon équilibre de personnes dans sa civilisation. Même s'il s'agit d'une représentation très grossière de la vie, cela m'a permis d'explorer différentes options et d'avoir un retour d'information en temps réel.

L'ancien jeu de go chinois a structuré ma vision du monde. Pour gagner, il ne suffit pas d'attaquer l'adversaire, mais de couvrir une plus grande partie du plateau que l'autre. Le plateau de jeu comporte 361 intersections, représentant l'infinité du monde. Le jeu consiste à placer des pierres noires ou des pierres blanches, une couleur étant attribuée à chaque joueur. Aucune pierre n'est plus forte qu'une autre. À tour de rôle, chaque joueur place une pierre sur l'une des intersections. Les pierres peuvent être placées n'importe où sur le plateau, là où il y a une intersection libre, mais une fois qu'elles sont posées, elles ne peuvent plus être déplacées. L'importance de chaque pierre dépend de celles qui se trouvent à proximité. Plusieurs pierres peuvent former une chaîne pour limiter un territoire revendiqué par le joueur.

Au fil du jeu, certaines pierres prennent de la valeur, tandis que d'autres sont abandonnées. Au début de la partie, il est impossible de prédire la tournure que prendra le jeu, mais les bons joueurs repéreront les tendances et investiront davantage de pierres là où le potentiel de gain est le plus probable, tout en abandonnant les pierres qui ne servent plus. Il faut également placer des pierres qui créeront des opportunités plus tard dans le jeu.

J'utilise le modèle du jeu de Go pour développer des stratégies et créer des opportunités. Lorsqu'une idée doit se répandre ou qu'une opportunité a le potentiel de se développer, elle a besoin de pierres de soutien. Même avant que l'opportunité ou l'idée n'existe, le simple fait d'être présent peut être un moyen de favoriser une opportunité.

Certains PDG ont une vision du monde plus conflictuelle, comme le jeu d'échecs. Les marchés doivent être conquis et les concurrents doivent être vaincus. Le jeu de Go, en revanche, reconnaît que la diversité existe et que la coexistence est la réalité de la vie.

Ce que j'aime dans le jeu de Go, ce sont les possibilités infinies qu'il offre. En essayant de rendre le monde meilleur, une stratégie entièrement définie ne fonctionnera pas. Le présent est plein de paramètres changeants qui font des ravages dans les plans les mieux définis. L'idée d'infini illustre l'incertitude. Dans le monde, des événements et des personnes ont constamment un impact et changent la donne. Il est donc primordial de s'adapter en permanence et de maintenir plusieurs fronts ouverts.

L'avenir est toujours incertain, c'est pourquoi l'expression "le brouillard de la guerre" correspond à la plupart des initiatives en cours d'élaboration. Lorsque l'avenir devient le présent et que les événements incertains deviennent des événements probables, nous découvrons un paysage de nouvelles opportunités et de nouvelles situations.

Conduite de la stratégie de diversification (un aspect important de la résilience)

Le monde est en constante évolution. Les opportunités d'aujourd'hui peuvent ne pas donner les résultats escomptés, tandis que les doutes d'hier peuvent conduire au prochain succès. Une bonne stratégie consiste à garder plusieurs fronts ouverts en même temps, comme les pierres sur le plateau de jeu de Go. Notre entreprise s'efforce de mener de nombreuses initiatives en parallèle. Chacune d'entre elles offre la possibilité d'établir un nouveau territoire, tout le monde coopérant à l'expansion.

La stratégie de diversification correspond à l'expression "ne pas mettre tous ses œufs dans le même panier". L'idée est que les initiatives soient réparties et prêtes à se développer, tout en étant faciles à abandonner, afin que les personnes impliquées puissent rapidement passer à autre chose. C'est la diversification des opportunités. En tant que PDG, je demande aux employés de garder leurs options ouvertes et d'essayer, d'essayer encore.

Notre organisation en subsidiarité est particulièrement adaptée à la stratégie que nous suivons. Les personnes sont libres de mettre en œuvre les stratégies locales qui leur conviennent. La transparence et la circulation des données au sein de l'organisation permettent à chacun d'adapter ses activités et ses initiatives. La décentralisation de la prise de décision permet de s'adapter à la réalité du terrain. Le droit à l'échec permet de poser une pierre sur des opportunités provisoires et de passer à autre chose si elles ne portent pas leurs fruits.

L'un des pièges de certains chefs d'entreprise est d'avoir une stratégie de prédilection dans laquelle ils investissent tous leurs efforts et deviennent aveugles aux autres possibilités qui s'offrent à eux. Que se passe-t-il s'ils choisissent la mauvaise stratégie?

Une entreprise de notre secteur d'activité connaissait une baisse de ses ventes. Elle a engagé quelques-uns des meilleurs consultants pour analyser la situation et est arrivée à la conclusion qu'elle était affectée par des "fausses nouvelles » (fake news). Lorsque l'investissement dans une présence en ligne pour inverser la tendance s'est avéré infructueux, le PDG a été remplacé car aucun autre plan n'avait été mis en place.

Nous reconnaissons clairement que nous ne savons pas ce qui fonctionnera. Nous croyons en nos initiatives et nous y consacrerons suffisamment d'énergie, mais nous sommes conscients que nombre d'entre elles ne seront pas aussi révolutionnaires que nous le souhaiterions.

Un exemple concret est le besoin qu'ont les médecins de comprendre notre thérapie. Nous nous efforçons donc de l'enseigner de toutes les manières possibles: en ligne et hors ligne, lors de séminaires, avec des groupes de médecins partageant leurs idées, par le biais de publications, dans les hôpitaux, dans les cliniques privées, etc.

Une initiative qui a remarquablement bien fonctionné a consisté à partager notre thérapie avec des cliniques privées. L'occasion s'est présentée lorsqu'un médecin de l'une de ces cliniques nous a contactés. En la formant, nous avons rencontré plusieurs de ses collègues qui étaient également désireuses d'apprendre. Nous avons ainsi découvert que ces cliniques avaient besoin de thérapies originales et de pointe à proposer à leurs patients. Les médecins ont été ravis de pouvoir intégrer notre thérapie dans les stratégies qu'ils proposaient.

Nous empruntons de nombreux chemins, nous connaissons un certain nombre de petits succès et, de temps à autre, nous avons la chance de découvrir une nouvelle voie importante. Lorsqu'une opportunité prometteuse se présente, les employés sont en mesure d'ajouter des ressources et de réaffecter leur temps et leurs efforts pour la faire prospérer.

En tant que directeur général, mon travail consiste à saisir le potentiel de nos opportunités et à soutenir les initiatives, en défendant le domaine de responsabilité de chacun et en maintenant la subsidiarité.

Grâce à la culture de l'entreprise, j'encourage les gens à éviter les solutions uniques. Au contraire, ils sont encouragés à explorer, à faire des tentatives, à échouer, à essayer quelque chose d'autre, puis à poursuivre et à développer ce qui fonctionne.

Mise en pratique: **Déterminer votre stratégie clé, telle que la diversification, et la communiquer de manière adéquate.**

Ian a expliqué comment ne pas mettre tous ses œufs dans le même panier. Déjà, une entreprise en subsidiarité permet la diversification parce qu'il y a beaucoup d'esprits libres de trouver des idées et de répondre à des défis croissants. En outre, il a créé un environnement de travail où l'on attend des employés qu'ils se diversifient. C'est un endroit qui a de l'allure !

Il en va de même dans votre organisation:

- *Réfléchir à la question de savoir si vous avez des stratégies qui vous retiennent, vous et votre organisation.*
- *Transmettre à vos employés les attentes concernant votre stratégie clé. Par exemple, s'il s'agit de la diversification, communiquer qu'ils doivent:*

- *rechercher des solutions multiples,*
- *être créatif,*
- *s'adapter à l'évolution des circonstances et saisir les opportunités,*
- *prendre des risques calculés.*

Aider à recruter les bonnes personnes

Nous recherchons des personnes, pas des diplômes. À mon avis, le recrutement est l'une des tâches les plus difficiles du monde des affaires. Les conséquences des personnes que nous embauchons ont un impact considérable sur ce que nous pouvons faire en tant qu'entreprise.

Je ne participe pas à tous les entretiens et je ne rencontre pas à l'avance toutes les personnes qui rejoindront l'entreprise. Le recrutement n'est pas ma responsabilité, ni celle des ressources humaines. Nous avons délibérément rendu chaque chef d'équipe responsable du recrutement au sein de son équipe, ainsi que du développement professionnel des membres de son équipe. Ils sont censés veiller à ce que les personnes embauchées par notre entreprise parviennent à exprimer leur plein potentiel en tant que personne.

Certaines personnes me demandent mon avis lorsqu'elles recrutent et je suis heureux d'y répondre. Ils savent que la décision finale leur appartient, même si j'émets de fortes réserves à l'égard d'un candidat.

Voici un scénario de mon implication typique dans le processus d'embauche.

16 heures. La candidate est arrivée et a été accueillie il y a quelques minutes. Elle se trouve maintenant dans une salle de réunion et attend d'être interviewée pour la troisième fois. C'est une jeune médecin brillante qui vient de terminer son doctorat. Mary a été présélectionnée comme candidate pour notre département de communication. Aujourd'hui, je vais essayer de me faire une opinion sur ses valeurs humaines.

Lors d'un entretien, je demanderai probablement: "Pourquoi voulez-vous travailler pour nous?"

J'espère qu'ils ont fait des recherches sur l'entreprise, qu'ils apprécient nos valeurs, qu'ils sont enthousiasmés par notre mission, qu'ils veulent rendre le monde meilleur et qu'ils pensent qu'ils possèdent l'ensemble unique de compétences correspondant à nos besoins. Trop souvent, on me répond qu'ils veulent travailler pour nous parce qu'ils sont motivés. La motivation peut être inconstante. Dans certaines entreprises, elle peut être étouffée en l'espace d'une semaine. Nous savons que la motivation est importante et nous essaierons donc toujours de l'entretenir, mais cela exige un effort continu de la part de l'entreprise.

Je ne me préoccupe pas de l'expertise technique de la personne pour la mission. Si un candidat est arrivé aussi loin dans le processus d'entretien, je suppose qu'il a les compétences et le potentiel pour ce dont nous avons besoin. J'essaie d'évaluer si le candidat a la capacité d'écouter, de comprendre et de s'adapter à une situation. J'essaie égale-

Chapitre 3: Le PDG dans la subsidiarité

ment de discerner si nous partageons des valeurs telles que le bien commun et si la personne sera capable de s'adapter à notre modèle de subsidiarité.

Ma première question est: "Qui êtes-vous, Mary?" Mary hésite. Elle se rend compte qu'on ne lui demande pas quelque chose de typique comme ce qu'elle a fait auparavant ou d'où elle vient. C'est une question plus fondamentale. Elle demande: "Que voulez-vous dire? Voulez-vous connaître mes études ou ce que j'ai fait?"

Elle fait bien de commencer par une question, en essayant de clarifier ce qui a été demandé. Elle ne s'engage pas impulsivement dans la première voie qu'elle voit s'ouvrir.

Dans cet entretien, j'explorerai sa capacité à comprendre, à réagir sous stress, son ouverture aux autres et si elle peut s'inscrire dans nos valeurs et notre système de management.

Créer du stress n'est pas un grand défi pour moi. En tant que PDG, je suis perçu à tort comme la personne ayant un droit de vie ou de mort sur l'emploi potentiel d'une personne (même si je ne suis qu'un consultant dans ce processus). Je ne fais pas non plus beaucoup d'efforts pour être amical lors des réunions de recrutement.

Je pose de nombreuses questions qui n'appellent que de brèves réponses, mais je peux aussi laisser durer les réponses. Dans un cas, quelqu'un a parlé pendant près d'une demi-heure en répondant à ma première question. C'était un discours qui ne donnait pas une bonne image de cette personne, car elle ne donnait aucun signe de son besoin d'écouter et de comprendre.

Certains candidats arrivent bien préparés avec des réponses à des questions pièges, comme "Quel est votre plus grand défaut?". J'évite de donner aux candidats l'occasion de brosser un portrait irréel d'eux-mêmes. Mes questions sont délibérément aussi peu liées que possible, car je ne veux pas que le candidat devine ce que je recherche à un moment donné.

Tout d'abord, j'essaie de voir si la personne écoute vraiment les questions et si elle les comprend. Il est surprenant de voir combien de personnes ne savent pas écouter. Si je commence à entendre des réponses génériques ou des réponses qui s'écartent du sujet, j'essaierai à plusieurs reprises de simplifier les questions. Lorsque j'arrive à la conclusion que le candidat ne finira probablement pas par travailler avec nous, je me détends et je deviens plus amical, tandis que ceux qui répondent de manière intéressante et pertinente sont maintenus sous pression.

Je pose à Marie l'une de mes questions habituelles: "Y a-t-il une idée que vous défendez qui n'est pas courante dans la société?"

Il est difficile de répondre à cette question parce que je demande au candidat de révéler un domaine qui pourrait très bien être polémique alors que je ne dis pas de quel côté je suis (si j'ai un côté).

Mary réfléchit tranquillement à la question.

Si Mary ne sait pas encore qui nous sommes, mais qu'elle propose quelque chose qui n'est pas politiquement correct, elle prend un risque. Elle peut nous offenser, ou apparaître comme quelque peu excentrique, ou encore comme extrémiste. Est-elle face à un public amical ou hostile? En revanche, si elle propose quelque chose de grand public, elle reste en terrain sûr, même si elle a évité la question. Je me demande si elle a compris la question, si elle n'a pas d'opinions tranchées ou si elle est modelée par la presse grand public et les sources équivalentes.

Une fois, j'ai posé cette question à une personne qui a répondu avec assurance par des réflexions très générales, démontrant ainsi qu'elle n'avait pas compris la question, et encore moins les pièges. Je me suis demandé si ce n'était pas dû à la langue, j'ai donc reformulé la question en essayant d'expliquer qu'il pouvait y avoir des pièges et en suggérant qu'elle pourrait reconsidérer sa réponse. Elle m'a remercié et a répondu une fois de plus d'une manière qui n'avait rien à voir avec le sujet.

Dans son cas, elle a obtenu le poste bien que j'aie émis une réserve sur le fait qu'elle ne semblait pas comprendre les questions et le contexte. Mais elle avait un CV brillant et nous recherchions d'urgence quelqu'un avec son profil. Malheureusement, nous avons dû nous séparer d'elle un an plus tard, car elle avait trop de mal à comprendre nos défis et notre situation particulière.

Mary donne sa réponse: "Je ne crois pas au système éducatif pour les jeunes enfants. Je ne pense pas que ce soit une bonne idée de les envoyer à l'école trop tôt. Les bébés sans leur mère pendant les premiers mois ou les premières années de leur vie, ce n'est pas une bonne idée. S'ils doivent aller à l'école, l'environnement doit être aussi proche que possible d'une famille et d'un foyer.

Je me suis dit que c'était une réponse audacieuse. C'est une jeune femme, qui a deux enfants et pourrait en avoir d'autres, et qui est assez courageuse pour exprimer son opinion sur l'éducation des enfants. Elle a également choisi un domaine où notre système éducatif traditionnel envoie les enfants à l'école ou à la crèche à un âge de plus en plus précoce, bien qu'il y ait une pression croissante, non traditionnelle, pour une éducation alternative. J'aime sa réponse. Elle fait preuve de courage, de responsabilité en tant que parent et de connaissance de l'actualité.

Mary ne peut pas dire si je pense qu'elle a bien répondu ou non. Je reste sans émotion et je continue à la défier.

Je souhaite observer son niveau de courage et d'engagement, sa capacité à défendre une idée, à résister au stress. L'entretien se poursuit. Jusqu'à présent, mon impression de Mary est plutôt positive, mais je souhaite encore observer sa cohérence. Se contredira-t-elle? Mesure-t-elle bien l'impact de ce qu'elle dit? Cela peut arriver aux personnes qui se mentent à elles-mêmes. Ce qu'ils pensent et ce qu'ils croient faire sont parfois en contradiction.

Certains des recrutements les plus difficiles concernent des postes commerciaux, des personnes qui ont été formées à susciter nos émotions, à titiller notre intellect, à cerner nos motivations et à nous conduire là où elles veulent que nous allions. Ils peuvent utiliser leurs compétences lors d'un entretien, en vendant aux recruteurs ce qu'ils veulent voir, et non ce qu'ils ont sous les yeux.

J'essaie donc de cacher mes émotions ou mes motivations et de ne pas donner d'indices. Si les candidats peuvent me lire facilement, certains essaieront de me dire ce qu'ils croient que je veux entendre, ce qui m'empêchera de me faire une opinion juste de la personne.

Une fois, on m'a demandé de participer au troisième entretien. J'ai rencontré un vendeur brillant, mais j'ai senti que quelque chose n'allait pas. Ma conclusion personnelle était qu'il pouvait y avoir des problèmes avec lui car il semblait cacher des choses. Je me suis demandé si nous n'aurions pas un problème de confiance et de transparence. J'étais prêt à faire part de mes commentaires à la chef d'équipe, mais lorsqu'elle est finalement sortie de l'entretien, elle avait déjà proposé le poste au candidat. Compte tenu de la subsidiarité, c'était à elle de décider, mais il avait réussi à conclure l'affaire avant qu'elle ait pu recevoir la contribution qu'elle avait demandée. Cette personne n'a finalement travaillé que six mois pour nous. Elle est partie lorsque nous nous sommes rendu compte qu'elle abusait de ses voyages d'affaires pour ses projets personnels. Entre-temps, le chef d'équipe a appris une leçon douloureuse sur le recrutement.

Mais cela peut aussi aller dans l'autre sens. Dans le cas d'un candidat, je doutais fortement qu'il puisse s'adapter à l'équipe existante. Le chef d'équipe a entendu ce que j'ai dit, mais a quand même pris le risque. Ce fut une bonne décision, car ce candidat est toujours avec nous plusieurs années plus tard et a apporté de nouvelles compétences à l'équipe.

Nous arrivons à la fin de l'entretien avec Mary. Je lui demande si elle pense que j'ai posé les bonnes questions pour me faire une opinion correcte de qui elle est.

J'aime bien terminer par ce type de question. On peut ainsi comprendre le processus. Mary a-t-elle une capacité d'analyse? Quels sont ses filtres pour comprendre ce processus?

Au cours de mes nombreuses années d'entretiens, j'ai obtenu un certain nombre de réponses intéressantes à cette question. Parfois, le candidat évalue les questions une par une, comme s'il s'agissait d'une liste de blanchisserie. Parfois, il dit: "Mais je m'attendais à ce que vous me posiez des questions sur mes forces et mes faiblesses". Je l'invite alors immédiatement à me donner la réponse qu'il avait si bien préparée. Certains verront l'humour de la situation, d'autres se mordront la langue, d'autres encore ne verront pas l'ironie de la situation et se contenteront d'obtempérer.

Mary répond: "Je ne m'attendais pas à ces questions, mais je crois qu'elles m'ont donné l'occasion de parler de ce que je suis. J'espère que je ne vous ai pas choqué avec ma réponse concernant les enfants?".

Ma toute dernière question sera souvent: "Avez-vous des questions à me poser? Je suis le PDG de cette entreprise, alors peut-être y a-t-il quelque chose que vous aimeriez savoir?"

Souvent, je suis déçu par les réponses. J'ai caché mon jeu pendant l'entretien, et maintenant je vous propose de jeter

Chapitre 3: Le PDG dans la subsidiarité

un coup d'œil dans les coulisses. Un entretien va dans les deux sens: non seulement l'entreprise cherche quelqu'un avec qui elle travaillera dans les années à venir, mais la personne doit aussi chercher une organisation qu'elle apprécie et qui correspond à sa personnalité.

Mary commence par la réponse habituelle: "J'ai déjà posé toutes les questions que j'ai eues lors de mes entretiens précédents, donc à ce stade, je n'ai pas de question particulière". Puis elle fait une pause et dit: "J'aimerais entendre votre propre réponse à l'une des questions que vous m'avez posées: Y a-t-il une idée que vous défendez et qui n'est pas courante dans la société?"

J'aime bien ça. Elle a relevé le défi. Et même si elle a vécu une expérience stressante, elle est capable de réagir.

L'entretien est terminé. Je dis au revoir et je sors de la pièce, laissant le candidat avec le chef d'équipe.

Le chef d'équipe est là pour regarder et observer. Normalement, il reste silencieux tout le temps, afin d'observer le candidat de plus près. Parfois, ils doivent rassurer le candidat après mon départ.

Un peu plus tard, le chef d'équipe et moi-même nous retrouverons pour partager nos opinions. Dans le cas de Mary, j'ai été positivement impressionné. Je pense qu'elle s'adaptera bien. Elle sera peut-être un peu impulsive, mais elle fera probablement avancer les choses.

Mise en pratique: lors du processus de recrutement, chercher à évaluer si le candidat correspond aux valeurs de votre organisation.

Dans le cas d'Ian, il identifie ce qu'il recherche: le potentiel d'écoute, de compréhension et d'adaptation de la personne à une situation, ainsi que ses possibilités d'adaptation au modèle de subsidiarité, qui inclut les valeurs du bien commun et de la résilience. Ian a également tenu à préciser qu'il ne participera au processus d'embauche que si on le lui demande: aussi important que cela soit, cela relève de la subsidiarité.

Il en va de même dans votre organisation:

- *Faire en sorte que chaque directeur soit responsable de l'embauche, de la formation et des possibilités de développement des personnes de son secteur. Il doit également procéder aux licenciements lorsque cela s'avère nécessaire.*
- *Faire part de votre intérêt et de votre disponibilité pour contribuer au processus d'embauche, mais n'insistez pas. Se rappeler que, dans le cadre de la subsidiarité, votre rôle est celui d'un soutien.*
- *Lorsque vous participez à un entretien, faites confiance aux personnes qui ont les compétences et la formation nécessaires. Se concentrer sur l'évalua-*

tion de l'adéquation de la personne avec les valeurs de votre organisation, telles que la subsidiarité, le bien commun et la résilience.

Le capitaine du navire

La crise du coronavirus a mis en évidence l'importance du rôle du capitaine. Lorsque tous les employés de l'entreprise ont commencé à travailler depuis leur domicile, je me suis demandé si je devais faire quelque chose de spécial.

Lorsque j'ai besoin d'un retour d'information ou que je ressens le besoin d'explorer des idées, je fais appel à certains membres de l'équipe de direction qui travaillent directement avec moi. Nous appelons ce groupe "les pairs", car lorsque nous nous réunissons, nous sommes tous également libres de donner notre avis. Ils savent tous que je n'essaie pas de diluer ma propre responsabilité et que je cherche à obtenir des informations pour alimenter mon propre processus de décision dans mes domaines de responsabilité. Je prendrai mes propres décisions après avoir pris connaissance de leurs réflexions.

Ce groupe m'aide à explorer des idées et permet également aux autres membres d'échanger des idées et de partager leurs difficultés. Ils savent que leurs problèmes ne seront résolus par personne au sein du groupe, mais le fait de pouvoir les partager et de recevoir un retour d'information peut susciter de nouvelles idées, ou au moins les aider à se rendre compte qu'ils ne sont pas seuls.

J'ai donc demandé à ce groupe ce qu'il pensait que je devais faire. Leur réponse a été catégorique: étant donné que nous traversions une période de turbulences, tous les membres de l'entreprise devaient s'en remettre au capitaine du navire.

Chaque jour, j'envoyais donc un message à l'ensemble du groupe pour les saluer ou leur faire part d'une réflexion. En outre, j'ai diffusé en direct quelques présentations vidéo pour expliquer la situation générale et donner des informations sur l'évolution de la situation. J'ai exprimé ma confiance dans le fait que les équipes étaient bien gérées, qu'elles connaissaient leur mission et qu'elles l'adapteraient à l'évolution de la situation. Il était important que je partage cette confiance, que je fasse savoir que nous allions dans la bonne direction et que je les encourage en leur faisant savoir que nous sommes au courant de ce qu'ils font.

Depuis, j'ai reçu des commentaires tellement positifs sur les présentations vidéo à l'échelle de l'entreprise que j'ai décidé de les maintenir. De nombreuses personnes ont exprimé leur gratitude pour avoir eu le sentiment de faire partie de l'équipe, où qu'elles se trouvent dans le monde.

Mise en pratique: veiller à bien communiquer avec vos employés

Ian offre l'image du capitaine du navire qui tient la barre dans la tempête. Il y a un besoin particulier d'aider à maintenir l'espoir et à favoriser l'unité dans les moments difficiles. Comme dans son cas, des paroles rassurantes et des informations utiles pouvaient être particulièrement bien accueillies et appréciées dans ces moments- là.

Il en va de même dans votre organisation:

- *Mettre en place un groupe pour que vous puissiez échanger vos idées sur vos domaines de responsabilité.*
- *Le cas échéant, déterminer si une communication spéciale au sein de l'entreprise est nécessaire (par exemple, en cas d'épidémies).*
- *Inviter vos interlocuteurs à vous faire part de leurs réactions afin que vous puissiez procéder à des ajustements.*

Conclusion

Le PDG est censé transmettre la vision de l'entreprise. Dans ce chapitre, j'ai insisté sur le fait que notre rôle ne consiste pas tant à "faire" qu'à veiller à ce que tous les autres remplissent leurs missions respectives. Étant donné que notre travail exige une capacité d'accueil et de réflexion, nous avons besoin d'une certaine paix intérieure et d'un environnement qui ne soit pas constamment agité par des activités bruyantes. Nous devons éviter de nous charger de tâches chronophages qui nous éloignent de notre mission.

Voici une liste de responsabilités qui devraient entrer dans notre champ d'action:

- Décider et mettre en œuvre les outils de gestion tels que la subsidiarité et le bien commun.
- Piloter vos stratégies clés, telles que la diversification.
- Rencontrer régulièrement les membres de votre équipe en tête-à-tête, en consacrant du temps à leur apporter l'aide qu'ils demandent et à les mettre au défi.
- D'une manière générale, il s'agit de pousser les employés à se dépasser.
- Aménager l'espace de travail pour qu'il corresponde à vos valeurs de transparence et de confiance.
- Prendre le pouls de l'entreprise tout en gardant de larges horizons.
- Etre à l'affût des opportunités.
- Être disponible pour aider au recrutement, tout en respectant la décision des chefs d'équipe.
- Dans les périodes difficiles, aider à maintenir la cohésion de l'entreprise en transmettant un message optimiste.

Chapitre 4

Boucler la boucle de la subsidiarité

Lorsque j'ai commencé à écrire ce livre pour faire connaître à d'autres dirigeants d'organisations l'intérêt de pratiquer la subsidiarité, je ne m'attendais pas à ce qu'il ait un impact significatif sur mes propres employés et mon entreprise. En exposant cette notion, cependant, j'ai découvert qu'elle était sur toutes les lèvres, même si certains semblaient mal la comprendre. Une responsable qui me rendait compte directement reprochait à tort à la subsidiarité les difficultés qu'elle rencontrait avec ses équipes. Certains dans l'entreprise s'efforçaient d'appliquer quelque chose qui n'était même pas la subsidiarité.

L'épreuve décisive de la subsidiarité

Afin d'assurer un alignement général des employés sur le concept de subsidiarité, j'ai donc conçu le "test décisif de subsidiarité", qui consiste en trois questions:

1. Comment comprenez-vous la subsidiarité?

2. Quels sont les avantages de la subsidiarité pour vous et votre travail?
3. Quels sont les défis de la subsidiarité?

Le test décisif a eu lieu pendant la période d'évaluation annuelle, au cours de laquelle chaque personne prend une heure avec son supérieur pour passer en revue ses succès, ses échecs et ses espoirs pour l'avenir, ainsi que pour réfléchir à l'équilibre entre sa vie professionnelle et sa vie privée. J'ai pensé qu'il serait intéressant d'entendre le point de vue de chacun sur la subsidiarité, et j'ai donc demandé à chaque employé de m'envoyer ses réponses en une demi-page maximum aux trois questions ci-dessus:

Ce que j'en retiens: pour certains, le concept a besoin d'être clarifié.

Planification d'un cours de recyclage sur la subsidiarité pour l'ensemble de l'entreprise

Un rappel pouvait être utile pour ceux qui étaient avec nous depuis de nombreuses années, tandis qu'une explication plus structurée était nécessaire pour ceux qui nous avaient rejoints récemment. La rédaction de ce livre m'a permis de voir plus clairement ce que la subsidiarité pouvait faire si elle était bien comprise.

La question était de savoir comment s'y prendre. Mon action doit-elle se limiter aux managers qui me sont directement rattachés? Ou dois-je m'adresser à tous les managers qui travaillent avec des équipes? Ou encore s'adresser à l'ensemble de l'entreprise?

Bien entendu, la décision devait s'aligner sur l'outil de subsidiarité lui-même. Il m'appartenait de décider pour mon équipe, mais je ne pouvais pas décider pour elle. J'ai demandé à mon équipe et ils ont tous dit qu'il serait beaucoup mieux pour l'ensemble de l'entreprise d'entendre parler de la subsidiarité directement par la direction générale.

Les restrictions de voyage dues à la situation du Covid nous ont incités à organiser une vidéoconférence commune avec l'ensemble du personnel de nos entreprises en Europe. Notre formation devait se dérouler à deux reprises dans les principales langues parlées dans notre groupe: une fois en espagnol et une fois en français. Les points essentiels devaient être présentés de manière à ne pas prendre trop de temps aux employés. Finalement, j'ai proposé quatre sessions d'une heure réparties sur quatre semaines, afin que les personnes aient le temps de réfléchir et de discuter du contenu de chaque semaine. Le contenu a été enregistré afin que les personnes qui n'avaient pas pu participer, puissent partager l'expérience par la suite.

Étant donné que j'avais découvert que certains ne se rendaient pas compte qu'ils n'avaient pas compris la subsidiarité, j'ai entamé la formation en étant pleinement conscient qu'il pourrait y avoir des effets secondaires au sein de l'entreprise par la suite. Certains employés allaient découvrir qu'ils avaient plus de pouvoir et de responsabilités qu'ils ne le pensaient dans le cadre de leur mission, et cela pouvait facilement conduire à des frictions avec d'autres qui pensaient qu'ils avaient l'autorité. Nous y reviendrons plus tard.

Voici comment j'ai organisé les quatre sessions. Notez que la structure correspond à l'épreuve décisive de la subsidiarité. Les PDG qui souhaitent introduire la subsidiarité dans leur entreprise pourraient adapter ce même contenu à des sessions d'introduction destinées à leurs employés.

Session 1: Qu'est-ce que la subsidiarité?

Partie I: Explication des concepts clés

J'ai commencé cette première session en expliquant qu'il m'incombait, en tant que directeur général, de fournir un outil de gestion pour organiser l'entreprise. Pour briser la glace, il a été demandé à chacun d'afficher électroniquement ses mots-clés pour un bon système de gestion. Ils ont trouvé des mots comme: confiance, efficacité et efficience de l'organisation, bottom-up (venu de la base), trans-parence, énergie partagée, ensemble, multiplication des potentiels, fédération, apprentissage, liberté ...

J'ai ensuite proposé quelques définitions importantes.

Subsidiarité:

Pour nous, la subsidiarité est avant tout un outil de gestion choisi pour organiser un groupe de personnes afin qu'ensemble nous puissions réaliser quelque chose qu'aucune personne seule ne pourrait faire. Il s'agit de donner le pouvoir aux personnes les plus proches de l'action, afin qu'elles puissent prendre les décisions et les appliquer.

La mission définit le "Quoi" et le "Pourquoi" mais jamais le "Comment"[1].

La mission d'une personne doit être négociée entre l'employé et son supérieur. Il doit y avoir un accord sur le fait qu'une personne assume une responsabilité et reçoit le pouvoir de la mener à bien.

La personne qui a une mission spécifique n'est pas nécessairement la plus compétente, mais celle qui a la responsabilité de la mener à bien. La mission est liée à l'espace d'autonomie et de liberté d'une personne. Je m'explique: le chef de service peut être le meilleur expert dans un domaine spécifique, mais dans sa mission, son travail consiste à gérer une équipe. En tant que chef d'équipe, il conviendra d'une mission avec l'un des membres de son

---

[1] Voir la définition de la mission. Par exemple la mission du responsable de la production est de s'assurer qu'il y a suffisamment de produits en quantité et en qualité (c'est le QUOI) pour répondre à la demande en toutes circonstances (c'est le POURQUOI).

équipe. Il peut très bien connaître la meilleure façon de procéder, mais en confiant la mission à quelqu'un d'autre, il devra prendre du recul et laisser cette personne faire ce qu'elle peut. Pour le chef d'équipe, c'est un véritable défi que de céder le pouvoir et de former la personne tout en respectant sa liberté et en étant conscient des dangers. D'autre part, le porteur de mission a une vraie responsabilité. Il doit avoir la sagesse de demander conseil à l'expert, tout en faisant preuve de courage pour prendre les décisions.

L'autonomie est la capacité de choisir, dans le cadre de sa propre mission, le meilleur "Comment", à tout moment, pour répondre au "Pourquoi" de la mission dans le cadre du "Quoi".

Le pouvoir est la capacité d'administrer les ressources allouées comme on le souhaite et de prendre les mesures nécessaires, sans autorisation préalable.

La responsabilité consiste à assumer les succès et les échecs. Apprécier le succès, tirer les leçons des résultats inattendus et tirer profit des conséquences ou les gérer.

La transparence consiste à dire ouvertement ce qui est fait et comment cela se passe, en particulier avec son propre responsable.

La confiance est la certitude que l'autonomie et le pouvoir sont réels, même dans les moments difficiles.

Nous avons ensuite examiné ce que la subsidiarité n'est pas:

- Ce n'est pas une démocratie. C'est la personne qui a la mission qui choisit. Il n'y a ni vote ni négociation.
- Il ne s'agit pas d'une délégation. On confie des missions aux gens, on ne leur délègue pas des tâches.
- Ce n'est pas le bien commun. Il s'agit plutôt d'un outil qui va de pair avec le bien commun tout en restant distinct.
- Ce n'est pas un travail d'équipe.
- Il s'appuie sur les qualités de chaque personne qui la rendent unique.

Partie II: L'importance de la mission

Une entreprise doit être en mesure de créer un organigramme complet qui inclut la mission de chacun et indique clairement comment l'entreprise remplit sa mission générale.

Après avoir étudié la nature et la définition de la subsidiarité, les participants se sont réunis en petits groupes pendant dix minutes pour discuter de leur propre mission. Il leur a été demandé de remplir une feuille de calcul commune comprenant une colonne pour le "Quoi" de leur mission, une autre pour le "Pourquoi" de leur mission, et une colonne pour l'endroit où ils indiqueraient s'ils avaient l'assentiment explicite de leur supérieur à propos de leur mission.

Au cours de cet exercice, j'ai fait des allers-retours dans les salles de réunion, prodiguant des encouragements et observant les interactions entre collègues. Le fait que les colonnes "Quoi" et "Pourquoi" aient été séparées a permis aux participants de poser les bonnes questions. Trop souvent, le "Quoi" est clair, mais le "Pourquoi" est oublié.

Cette session s'est terminée par un "devoir à la maison": chacun a été invité à revoir sa mission spécifique avec son responsable. Avoir une mission concise, en une ou deux phrases seulement, est un défi plus grand qu'il n'y paraît.

Au cours des jours suivants, la feuille de calcul commune a été remplie par les participants après qu'ils se soient entretenus avec leurs responsables.

Session 2: A quoi s'attendre lorsque l'on travaille dans un groupe utilisant la subsidiarité?

J'ai commencé par donner mon avis sur la session précédente, en indiquant que de nombreuses équipes avaient consacré beaucoup de temps à l'exploration et à la mise à jour de leurs missions.

Concepts clés à expliciter

Chaque personne au sein de l'entreprise possède une quantité de talents unique, une combinaison unique de personnalité, d'expérience et de formation. L'objectif de l'entreprise est de trouver la mission la plus appropriée pour chaque personne. Cette mission doit à la fois permettre à chacun d'exprimer au mieux ses talents et sa personnalité et de répondre au mieux aux besoins de l'entreprise.

Les salariés doivent être conscients de leurs propres dons, talents et compétences. En collaboration avec leurs supérieurs, ils doivent donc évaluer leurs forces et leurs faiblesses.

Les missions seront adaptées à la personnalité de chaque employé. Par exemple, certains sont créatifs mais ont du mal à être persévérants, tandis que d'autres luttent contre la page blanche mais sont très doués pour mener à bien les projets. D'autres ont beaucoup de courage pour aller à contre-courant, tandis que certains seront doués pour suivre les tendances et se fondre dans la masse. Certains auront un flair stratégique pour prévoir les conséquences à long terme, tandis que d'autres devront se voir confier des missions avec des implications à court terme et un retour d'information rapide.

Il appartient à chaque individu **de définir le "comment"** de sa mission, de fixer ses propres objectifs et de vérifier régulièrement si ses actions sont conformes à sa mission.

Pour ce qui est du "comment", chaque personne a le contrôle de son **temps, de sa formation et de ses ressources: son pouvoir**. Il doit choisir comment il s'organise, en se concentrant sur ses priorités et sur ce qui aura le plus d'impact. Ensuite, elle répartit ses ressources en conséquence. Notre entreprise fournit un outil de budgétisation interne qui permet aux personnes de contrôler leurs budgets spécifiques en allouant (et en réallouant) des ressources à des activités tout au long de l'année.

Enfin, les employés doivent garder à l'esprit qu'ils peuvent compter sur le soutien de leur manager pour mener à bien leur mission. Le manager est là pour s'assurer que chacun est dans de bonnes conditions pour mener à bien sa mission. Il appartient à chacun de demander des conseils et des orientations, de se tourner vers son manager comme vers une caisse de résonance, et parfois même comme vers quelqu'un qui prend en charge une tâche spécifique qui dépasse ses propres capacités pratiques ou relationnelles.

Les employés doivent également **comprendre leur responsabilité**. Ils doivent **gérer leurs risques et savoir** quel type d'erreur est acceptable. En valent-elles la peine? Pourraient-elles être évitées? Que se passe-t-il en cas d'erreur? Dans mon entreprise, par exemple, les risques susceptibles d'affecter la qualité des médicaments sont inacceptables, de sorte que tout doit être fait pour éviter les erreurs dans ce domaine. Nous considérons qu'il est nécessaire d'avoir des départements de contrôle et d'assurance de la qualité pour notre production, et c'est une exigence dans notre secteur. Dans d'autres domaines, la marge d'erreur est plus grande si elle résulte de l'expérimentation de nouvelles voies. En général, lorsque le pouvoir est largement diffusé grâce à la subsidiarité, les erreurs individuelles ont un impact limité sur l'ensemble de l'entreprise, ce qui permet aux gens d'être plus disposés à prendre des risques calculés spécifiques qui sont importants pour la croissance et l'adaptabilité d'une entreprise.

La responsabilité individuelle consiste également à assurer la **résilience** dans le domaine de sa propre mission. Qu'est-ce qui pourrait être mis en place pour prévoir la possibilité que je ne puisse pas venir travailler demain? Qu'est-ce qui dépend du temps? Qu'est-ce qui peut attendre? Qui a besoin de savoir ce que je fais en détail? Chacun devrait se poser ces questions et y répondre pour sa propre mission.

La responsabilité signifie être ouvert aux **commentaires** de son supérieur, être ouvert aux suggestions et accepter l'aide des autres.

Enfin, chacun doit **connaître ses coéquipiers**, en tant que personnes ayant des forces et des faiblesses, mais aussi en tant que porteurs de missions. Il doit savoir comment les différentes missions s'articulent entre elles, comment elles interagissent et s'appuient les unes sur les autres. Il est fondamental d'avoir confiance dans les autres membres de l'équipe, de savoir que chacun s'occupera de sa propre mission.

En réalité, nos missions sont liées comme des horloges, et ce dernier point sur la façon dont les différentes missions s'imbriquent les unes dans les autres méritait donc une attention particulière. Certains membres ont des missions complémentaires, qui s'appuient fortement sur d'autres. Pour que les choses se passent bien, ces personnes doivent reconnaître les limites entre leur propre mission et celle de l'autre. Il leur a donc été demandé de se réunir dans de petites salles virtuelles afin de partager leur compréhension des limites entre les missions de chacun. L'exercice consistait à parler de ces limites, puis à les délimiter sur une page en ligne partagée. Cet effort complexe nous a permis d'observer la réalité des frontières et de constater à quel point nous avons besoin les uns des autres.

A la fin de cette session, il semblait que chaque personne était le centre de l'entreprise. Je leur ai donc conseillé d'attendre la semaine suivante pour comprendre le rôle de leur manager et de la hiérarchie.

Session 3 - Le gestionnaire

Partie I: Un exercice de Post-its virtuels

Nous avons commencé la troisième session en demandant à chaque personne d'utiliser des post-its virtuels pour faire part de ce qu'elle attendait de son manager.

Dans l'ensemble, cet exercice a donné un ton optimiste car les participants ont exprimé des attentes élevées: le manager doit être compréhensif, intéressé, clair, humble, empathique et bien d'autres choses encore.

Le premier point abordé concerne l'importance de la hiérarchie. Il faut savoir qui fait quoi et qui est responsable d'une équipe. C'est fondamental car une organisation avec un modèle de subsidiarité n'est pas une démocratie, mais plutôt un puzzle très clair et précis, où chaque mission est accomplie parce qu'elle est nécessaire et suffisante.

Partie II: Ce que le gestionnaire devrait faire et devrait être.

Ce que le gestionnaire devrait faire

Il va de soi que les gestionnaires doivent connaître leur propre mission.

Chaque manager doit bien connaître les membres de son équipe, afin de savoir comment les organiser au mieux. C'est lui qui doit négocier une mission particulière avec chaque membre de l'équipe, en s'assurant que l'ensemble des missions est suffisant et nécessaire pour couvrir sa propre mission. Au fil du temps, le manager doit s'assurer que les missions sont à la fois comprises et exécutées et, en outre, que les différentes missions s'imbriquent bien les unes dans les autres. Le manager doit également être capable de donner le feedback nécessaire à chaque membre de l'équipe et de mettre à jour les missions si nécessaire.

Qui devrait être le gestionnaire?

Il doit avoir une vision pour son équipe, être disponible, apprécier la singularité de chacun, ne jamais critiquer son équipe, même en privé, se méfier des rumeurs et avoir une grande capacité de persuasion. Le manager n'impose pas, mais sait expliquer et convaincre.

Un manager n'a pas besoin d'être l'expert de l'équipe. En fait, le fait d'être l'expert peut être un obstacle, étant donné que les managers devront souvent sacrifier leur temps pour permettre aux membres de l'équipe de mener à bien leurs propres missions.

Les bons managers incitent les membres de leur équipe à être suffisamment ambitieux dans leurs projets. Le manager organise également des réunions régulières, souvent mensuelles, afin de relever les défis et de créer un environnement propice à l'exploration des projets.

Nous avons également envisagé l'idée d'un manager du manager dont la mission consisterait à aider les managers à relever leurs défis en matière de gestion. Cette personne n'interviendra jamais directement auprès de l'équipe et devra veiller à ne pas saper l'autorité et le rôle du manager, mais elle devra avoir une politique de la porte ouverte pour les membres de l'équipe qui ont besoin de parler en toute confidentialité de leur manager. C'est important pour éviter les silos de pouvoir (et de douleur).

Il convient de noter que les participants ont manifesté un grand intérêt pour la responsabilité du directeur. Cette observation a constitué une bonne transition vers le thème de la quatrième et dernière semaine.

Chapitre 4: Boucler la boucle de la subsidiarité

Session 4 - La culture d'entreprise au service de la subsidiarité

Partie I: Le bien commun pour tout assembler

Nous avons tout rassemblé lors de la dernière session. L'un des risques d'une organisation comme la nôtre est que chaque personne, ou chaque équipe, peut être tentée de remplir sa mission sans tenir compte de ses effets sur les autres. Il était temps de parler du bien commun et de la manière dont chaque personne, lorsqu'elle agit, doit équilibrer son bien et le bien du groupe afin de maximiser les deux. Il faut être conscient des autres et être prêt à les aider, tant que sa propre mission n'est pas mise en péril.

Partie II: Travail de groupe?

J'ai fourni un questionnaire basé sur les trois sessions précédentes pour savoir si les employés pensaient ou non avoir appris quelque chose d'utile.

Les questions étaient les suivantes:

- Que pensez-vous de votre niveau de compréhension de la subsidiarité avant ces sessions?
- Comment pensez-vous comprendre la subsidiarité aujourd'hui?
- Dans quelle mesure sentez-vous que:

- Vous pouvez appliquer la subsidiarité à votre travail aujourd'hui?
- Vous avez une mission claire?
- Vous avez la confiance de votre chef?
- Vous avez la confiance des membres de votre équipe?

- Vous avez la confiance des autres services?

    - Avez-vous le sentiment d'avoir suffisamment d'autonomie?
    - Avez-vous l'impression d'avoir trop de responsabilités?
    - Avez-vous le sentiment d'être libre d'organiser votre temps?
    - Avez-vous le sentiment d'avoir un budget clair?
    - Vous sentez-vous libre de gérer votre budget?
    - Êtes-vous sûr de pouvoir tester de nouvelles idées?
    - Avez-vous le sentiment d'être transparent vis-à-vis de votre hiérarchie?
    - Pensez-vous en savoir assez sur ce que fait le reste de votre équipe?
    - Avez-vous le sentiment que vous:

- Disposez de suffisamment d'informations pour mener à bien votre mission?
- Confirmez votre mission auprès de votre patron?

- Discuteriez à nouveau de la subsidiarité avec vos collègues?
- Discutez avec votre responsable de la manière d'appliquer la subsidiarité dans votre travail.
  - Qu'avez-vous retiré de ces sessions?

J'ai repris les questions une à une avec eux, en leur laissant le temps de rédiger leurs réponses. Ensuite, j'ai partagé avec tout le monde mon écran montrant l'amalgame de toutes leurs réponses, afin que nous puissions découvrir ensemble comment les sessions de formation s'étaient déroulées.

Le résultat, l'ajustement et les fruits

Au cours des semaines suivantes, j'ai constaté des changements. Certains étaient attentifs à la responsabilité qu'ils avaient réellement, tandis que d'autres se concentraient sur leur pouvoir. Beaucoup de nouvelles initiatives ont été prises, les missions ont été clarifiées et une nouvelle dynamique s'est installée dans le groupe.

Voici un exemple de ce qui s'est passé à la suite des sessions de formation à la subsidiarité. Une chef de service, Julia, a besoin de recruter une nouvelle personne pour son équipe. Elle a compris que cela ne dépendait que d'elle. Son responsable lui a proposé son aide, mais elle a refusé. Quelques semaines plus tard, elle dit avoir trouvé le candidat idéal. Son manager avait des doutes et m'a demandé ce qu'il fallait faire. Nous avons dit à Julia qu'elle pouvait choisir qui elle voulait, mais qu'il serait peut-être intéressant pour elle de voir le candidat d'un œil plus détaché, l'un d'entre nous menant l'entretien. Elle a accepté, sachant qu'elle serait libre de faire son choix elle-même. Le lendemain, j'ai donc mené l'entretien en explorant la personnalité du candidat choisi. Au fur et à mesure de l'entretien, il est devenu évident que cette personne, qui avait une très bonne formation académique, n'avait jamais travaillé dans une entreprise, ne savait pas travailler en équipe et aurait vraiment du mal à s'adapter à notre entreprise. J'ai passé l'entretien pendant que Julia écoutait attentivement.

Elle était très secouée après la réunion parce qu'elle avait observé des aspects de la personne dont elle n'avait pas pris conscience auparavant. Je lui ai dit que je serais disponible si elle souhaitait que je fasse passer un entretien au deuxième candidat qu'elle avait rejeté. Elle y a réfléchi et a organisé l'entretien le lendemain. Au préalable, j'ai interrogé Julia sur ses doutes concernant ce candidat. Julia craignait que cette personne ne soit pas assez dévouée, car elle avait abandonné son travail précédent pour un projet personnel. Au cours de l'entretien, j'ai exploré la motivation et le dynamisme du candidat. Julia a de nouveau écouté attentivement et est sortie de l'entretien avec une opinion totalement différente. Le lendemain, elle a annoncé qu'elle avait changé d'avis et qu'elle embaucherait le second candidat. Elle a assumé sa décision, tout en admettant qu'elle s'était trompée et en nous remerciant de notre aide. Aujourd'hui, quelques mois plus tard, cet employé nouvellement embauché apporte une grande valeur à l'entreprise.

Un autre impact de cette formation a été un stress pour l'entreprise. Il s'est avéré qu'une des responsables n'était pas totalement convaincue de la nécessité de confier aux membres de son équipe l'entière responsabilité de leurs missions individuelles. Dans le même temps, ces mêmes membres de l'équipe se sont rendu compte qu'ils pouvaient en faire plus. C'est ainsi que certains membres de l'équipe ont quitté l'entreprise et que, finalement, la responsable elle-même a donné sa démission. Ayant une grande expertise dans son domaine, elle s'est rendu compte qu'elle pourrait mieux exprimer son style de management ailleurs... Cela a été douloureux, car j'ai beaucoup de respect pour elle, mais j'ai aussi été témoin des difficultés causées par son manque d'alignement sur la subsidiarité.

Mon erreur a été de croire qu'il n'y avait pas de défaut majeur dans ma propre équipe, je n'ai pas voulu voir qu'il y avait un problème, et en conséquence, une branche de mon organisation souffrait. Lorsque j'ai enfin vu ce que d'autres avaient vu avant moi, mais que je ne voyais pas, j'ai pris les mesures nécessaires pour réorganiser. C'était ma responsabilité. J'ai compris que je devais être vigilant et j'ai bénéficié de cette exploration de la subsidiarité.

La véritable pierre de touche des formations est venue lorsque j'ai dû réorganiser en profondeur l'ensemble de l'organisation. Au fil du temps, j'avais pris la responsabilité directe d'un trop grand nombre de personnes. J'avais besoin de consacrer du temps à chacune d'entre elles et d'appréhender les défis spécifiques de chacun. En conséquence, j'étais de moins en moins disponible. J'ai donc remanié l'organigramme, ce qui a amené un certain nombre de personnes à changer de responsable. Il y avait un risque que ceux qui travaillaient directement avec moi, le directeur général, perçoivent cette réorganisation comme une perte de pouvoir et de prestige. Toutefois, grâce à la compréhension renouvelée de la subsidiarité, le changement de directeur a été perçu comme une opportunité de recevoir une aide et des informations adéquates de la part d'un nouveau directeur. La confiance est restée de mise, chacun conservant son autonomie, son pouvoir et ses responsabilités, bien que ses missions aientt été modifiées.

Dans l'ensemble, cette formation a mis tout le monde sur un pied d'égalité. D'une part, les cadres savaient ce que l'on attendait d'eux, ce qu'ils pouvaient faire et ce à quoi ils devaient s'attendre. D'autre part, chacun connaissait l'équilibre des pouvoirs et des responsabilités que nous nous efforcions d'atteindre, ainsi que l'importance de sa mission spécifique.

Conclusion

Même si vous en êtes encore à la phase de discernement ou de mise en œuvre de la subsidiarité, gardez ce chapitre à l'esprit. Des sessions de formation telles que celles décrites ici peuvent être adaptées à la phase dans laquelle vous vous trouvez. Que vous lanciez quelque chose de nouveau ou que vous étayiez ce que vous avez déjà commencé, n'oubliez pas d'impliquer activement vos employés dans le processus.

Meilleures pratiques: "Bouclez la boucle en évaluant et en rafraîchissant la compréhension de la subsidiarité par vos employés

Il ne suffit pas de parler des valeurs clés de notre organisation. Il est nécessaire d'assurer un suivi en évaluant ce qui a été compris et assimilé par les employés. C'est une question d'éducation qui nécessite de clarifier les concepts clés, de donner aux employés la possibilité de discuter de ce qu'ils apprennent et d'assurer un suivi ultérieur. La répétition fait partie de l'apprentissage.

Ainsi, dans votre organisation, lorsque vous dispensez une formation sur la subsidiarité, il faut:

- *Veiller à respecter vous-même la subsidiarité dans la manière dont vous vous y prenez.*
- *Clarifier les concepts clés tels que la mission (y compris le POURQUOI et le QUOI et non le COMMENT)*
- *Préciser les rôles des chefs d'équipe et des membres de l'équipe: chacun a sa zone d'autonomie et de pouvoir.*

- *Mettre en avant des valeurs telles que la prévoyance, la décision, le courage et l'empathie*
- *Etre attentif aux ajustements et aux défis qui résultent de la formation.*

Conclusion finale

Conclusion de Joan: éduquer dans la subsidiarité

Ian sait utiliser une pédagogie saine dans son approche de la mise en œuvre et du renforcement des outils de gestion fondamentaux de son entreprise que sont la subsidiarité et le bien commun. En d'autres termes, il sait accompagner ses employés en leur montrant le chemin, afin qu'ils utilisent librement et activement ces outils.

Examinons la recette du succès d'Ian en termes pédagogiques, afin de mettre l'accent sur certaines attitudes et actions qui ont été à la base de son type de leadership.

Tout d'abord, il était déjà très occupé pendant les six mois qui ont précédé son arrivée à la tête de l'entreprise. Il a commencé par observer, poser des questions et écouter. Ian voulait comprendre de première main la dynamique de prise de décision dans l'entreprise. Si nous utilisions des surligneurs, ces mots seraient fluorescents: invitez d'abord à donner votre avis. Réfléchissez aux commentaires que vous recevez et prenez-les en considération lorsque vous façonnez vos propres opinions et projets.

Ian a ensuite pris contact avec deux personnes: un expert, qui pouvait corroborer son intuition de la subsidiarité comme voie à suivre, et son directeur financier, qui a collaboré étroitement avec lui (et continue de le faire). Ian a ainsi démontré de première main que la subsidiarité ne signifie pas travailler seul. Comme tous les autres membres de l'entreprise, le PDG doit s'approprier ses décisions, mais c'est pour cette raison qu'il compte sur le travail d'équipe afin d'être bien informé et conseillé sur les mesures qu'il prend. La meilleure façon d'éduquer est de montrer comment.

Une autre mesure pédagogique prise très tôt a été l'élaboration d'un organigramme pour tous les employés. L'éducation comprend la transmission d'informations importantes, mais ne s'y limite pas. Dans ce cas, la transmission d'attentes claires est une marque de respect pour les autres, car elle fixe des limites dans lesquelles ils sont libres d'agir.

Une fois qu'il a assumé pleinement sa fonction de PDG, Ian et Petra ont accompagné les employés dans leur adaptation au nouveau mode de fonctionnement. C'est là qu'intervient un autre élément du savoir enseigner: ne pas avoir peur de répéter les concepts de base. J'imagine qu'Ian a dû répéter plusieurs fois qu'il ne signerait plus de bons de commande. Il donne l'impression qu'il a fallu un certain temps pour que les gens comprennent qu'ils avaient réellement le pouvoir de prendre des décisions en matière d'achats. Entre-temps, il a fait preuve d'humour et de patience, et a continué à encourager.

Nous apprenons également en faisant le lien entre ce que nous savons déjà et de nouveaux concepts. Ainsi, la valeur de l'insistance d'Ian pour que les gens traitent leurs budgets au travail comme ils traitent leurs budgets domestiques, ou son image de l'arbre pour illustrer comment le PDG se situe à la base pour soutenir toutes les branches.

Une autre mesure pédagogique prise par Ian consiste à prévoir le coût potentiel des erreurs commises par les employés qu'il motive et incite constamment à essayer de nouvelles approches. Il nous a déjà expliqué que la prise de risques calculés est liée à la croissance et à l'expansion. En outre, nous apprenons particulièrement bien grâce aux erreurs que nous commettons. Étant donné que la responsabilité et le pouvoir sont répartis entre un grand nombre d'employés, le système de subsidiarité peut supporter un certain nombre d'erreurs individuelles. Les employés d'Ian savent donc qu'il ne s'énervera pas s'ils se trompent. Tout cela inspire confiance, et la plupart des gens ont besoin de se sentir en sécurité pour pouvoir prendre des risques calculés.

Nous disposons d'une description détaillée d'Ian sur la manière dont il consacre ou non son temps. Il ne prend pas beaucoup de responsabilités parce qu'il souhaite consacrer une partie importante de son temps à des réunions individuelles pour être simplement disponible pour ses employés en général. C'est une bonne chose, car il n'est que cohérent avec le système qu'il a mis en place. La subsidiarité exige le respect de la liberté de chaque employé. Ayant un "rôle de soutien" (comme Ian l'entend), il est conscient que sa plus grande influence passe par l'information personnelle, le défi et la conviction de ses subordonnés directs. Comme il choisit de s'en remettre à ses employés pour qu'ils fassent preuve de stratégie et d'audace dans leurs efforts, il est bien placé pour les encourager.

Évaluation et révision

Les gens apprennent par étapes, de sorte que tout n'est pas nécessairement assimilé immédiatement, même si nous paraissons clairs dans ce que nous disons et que nous répétons les concepts de base. Nos filtres personnels peuvent nous amener à comprendre quelque chose de très différent de ce qui était prévu par la personne qui transmettait l'idée au départ. De plus, nous oublions rapidement la plupart de ce que nous apprenons, sauf si nous le pratiquons et le révisons. Un élément essentiel de l'enseignement consiste donc à évaluer ce que vous essayez de transmettre, puis à revoir les points faibles.

Le "test décisif de subsidiarité" d'Ian lui a permis d'évaluer dans quelle mesure ses employés pratiquaient la subsidiarité et il a ensuite proposé des sessions de formation de suivi. Il fait participer activement ses employés en les invitant à réfléchir à une question et à partager leur réponse. Lorsque les gens sont les protagonistes de leur propre apprentissage, ils en retirent davantage. Pendant ce temps, Ian reçoit lui-même des informations intéressantes sur ce que ses employés comprennent et sur les défis qu'ils doivent relever.

Les gens veulent être fiers de ce qu'ils font. Ils veulent contribuer par leur ingéniosité à améliorer quelque chose qui en vaut la peine. L'entreprise d'an démontre qu'il est possible de s'épanouir et de réussir dans le cadre d'un bien plus grand, qui inclut le bien de l'entreprise et le bien des clients. Ses outils de gestion de la subsidiarité et du bien commun sont compatibles avec d'autres types d'entreprises parce qu'ils correspondent à notre nature humaine. J'espère que de nombreux PDG et dirigeants de tous les types d'organisations les essaieront !

Conclusion de Ian: le jeu en vaut la chandelle

En arrivant à la fin de ce livre, vous vous demanderez peut-être si cette gestion est faite pour vous et votre organisation. Pour moi, il s'agit d'un processus continu. Il y a quelques semaines, avec mon équipe de direction rapprochée, nous avons rencontré à nouveau Jack, le consultant qui nous avait aidés à structurer notre réflexion sur la subsidiarité. Cette fois, nous avons exploré la valeur des vertus en tant qu'outils de gestion. Comment explorer et utiliser la prudence, la tempérance, la force d'âme et la justice? Nous nous sommes concentrés sur la sagesse pratique, la persévérance, la magnificence, la prévoyance, l'humilité et la justice. Nous avons joué avec l'idée que les vertus sont le contexte dans lequel chaque personne a des principes directeurs dans son "comment" lorsqu'elle accomplit ses missions. Jack nous a fait part d'un commentaire qui m'a marqué: il s'attend à ce que nous soyons présents pendant longtemps. Beaucoup d'entreprises échouent en période d'incertitude, mais dans notre organisation, la résilience est inscrite dans notre ADN. Nous disposons de la créativité, de la culture et de l'environnement qui nous permettent de nous remodeler et de nous réinventer régulièrement et de manière organique. Chaque membre de l'entreprise modifie constamment ses processus afin de s'adapter et d'être à la hauteur.

Notre organisation en subsidiarité a été une formidable occasion de voir les compétences de nombreuses personnes s'épanouir et porter leurs fruits. J'ai été continuellement surpris et impressionné par la créativité et le courage des gens dans toute l'entreprise.

Je ne peux que vous encourager à prendre le risque d'essayer de travailler en subsidiarité, que ce soit dans vos familles, vos associations, vos entreprises et toute organisation où vous essayez d'inspirer les autres à participer à une mission qui en vaut la peine. J'espère que ce livre vous y aidera.

www.ingramcontent.com/pod-product-compliance
Lightning Source LLC
LaVergne TN
LVHW020930090426
835512LV00020B/3296